JAMIE EN 15 MINUTES

DU MÊME AUTEUR
CHEZ HACHETTE PRATIQUE

La cuisine de Jamie, 2002
Toqué de cuisine, 2003
Rock'n Roll cuisine, 2005
Cook, 2007
100 Recettes de saison de saison, 2008
Tout le monde peut cuisiner, 2009
L'Italie de Jamie, 2009
L'Amérique de Jamie, 2010
Carnet de route, 2010
30 minutes chrono, 2011
So British !, 2012

Photographies : *'Lord' David Loftus*
Design : *Interstate Associates*
Couverture : *Superfantastic*

JAMIE EN 15 MINUTES

hachette
CUISINE

Swell

BUDDY
1
BEAR

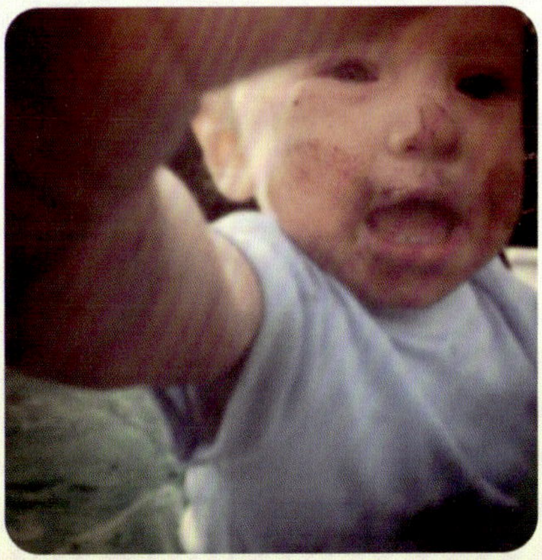

TO MY WONDERFUL WIFE,
JOOLS, AND OUR FOUR
GORGEOUS, SWEET AND
LOVING LITTLE MONSTERS
– POPPY, DAISY, PETAL AND
BUDDY. LOVE YOU. DAD XX

My babys

BUDD

HAPPY

Édition originale
Publiée au Royaume-Uni par Penguin Group Ltd, 2012
Titre original : Jamie's 15-Minute Meals

www.penguin.com
www.jamieoliver.com

Édition française
Traduction : Céline Petit
Correction : Christine Cameau
Adaptation et réalisation : les PAOistes
Adaptation de couverture : les PAOistes

Dépôt légal : août 2013
23-09-0972-01-2
ISBN : 978-2-01-230972-2

Imprimé en Italie par Graphicom

SIMPLE

JE SUIS ENCHANTÉ QUE VOUS REJOIGNIEZ L'UNIVERS DES PLATS À PRÉPARER EN 15 MINUTES. LA PROMESSE DE CE LIVRE EST SIMPLE : DES PLATS DÉLICIEUX, NOURRISSANTS, SUPER RAPIDES À PRÉPARER, UN BONHEUR À SAVOURER, QUI CONVIENT PARFAITEMENT AUX PERSONNES OCCUPÉES COMME VOUS ET MOI.

LA RELATION QUE J'ENTRETIENS AVEC VOUS, LECTEURS, EST PARTICULIÈREMENT IMPORTANTE. VOUS ÊTES PLUS DE 30 MILLIONS À AVOIR ACHETÉ MES LIVRES CES DIX DERNIÈRES ANNÉES, POURTANT, JE NE TIENS JAMAIS CE FORMIDABLE SOUTIEN POUR ACQUIS. AVEC CHAQUE NOUVEAU LIVRE, M'INCOMBE L'ÉNORME RESPONSABILITÉ DE REPOUSSER MES LIMITES ET DE VOUS OFFRIR QUELQUE CHOSE AUQUEL JE CROIS VRAIMENT, QUE J'ESPÈRE VOUS FAIRE APPRÉCIER, AVEC DES RECETTES À LA HAUTEUR À TOUS POINTS DE VUE. CET OUVRAGE NE FAIT PAS EXCEPTION. SON OBJECTIF EST CLAIR DEPUIS LE DÉBUT, NON SEULEMENT PARCE QUE JE SOUHAITE RÉPONDRE À CE QUE VOUS ME RÉCLAMEZ TOUS (DES PLATS GOÛTEUX, RAPIDES, PEU COÛTEUX), MAIS AUSSI PARCE QUE JE LE FAIS AVEC DES RECETTES AXÉES SUR L'ÉQUILIBRE ET LA NUTRITION. **CRÉER CE LIVRE A RÉELLEMENT CHANGÉ LA DONNE POUR MOI.**

NOURRISSANT

DU BONHEUR À DÉGUSTER

Comme je souhaitais de tout cœur que vous puissiez utiliser ce livre de cuisine tous les jours, et pas seulement pour des occasions particulières, la santé et la nutrition devaient en faire partie intégrante. J'ai donc écrit et cuisiné chaque recette en collaboration avec d'incroyables nutritionnistes, Laura Parr et son équipe, qui veillaient au grain par-dessus mon épaule. Ils m'ont permis de rester concentré sur mon objectif et ont contrôlé la taille des portions. Ainsi, les recettes de ce livre comptent en moyenne 580 kcal par portion, ce qui est formidable, car elles répondent parfaitement à ce que nous devrions manger chaque jour. Varier les recettes pour offrir à votre corps des nutriments différents est très important. Et surtout – car les calories peuvent être un instrument de mesure utile mais légèrement flou –, souvenez-vous que ces repas savoureux sont riches d'ingrédients complets, de céréales, de légumes, d'herbes fraîches, d'agrumes, de protéines de bonne qualité et d'autres superbes produits qui vous aideront à prendre soin de vous et de votre famille.

Nous sommes souvent pressés par le temps et c'est là tout l'intérêt de *15 minutes*. Ce livre est un outil qui vous aidera à préparer rapidement des plats délicieux et frais tous les jours de la semaine. Bien sûr, faire mijoter lentement des plats traditionnels et authentiques constitue le cœur et l'âme d'une très bonne cuisine domestique. Ce livre, lui, permet aux personnes très occupées de bénéficier de saveurs riches et enthousiasmantes en un temps réduit.

Élaborer et écrire ces recettes, concevoir les pages de ce livre, synchroniser l'ensemble et faire intervenir les calories et la nutrition dans ce joyeux mélange sans compromettre les saveurs ont requis un immense travail. Chaque mot, chaque phrase a été débattue, et même chaque étape de chaque recette a été repensée pour vous permettre d'obtenir des plats savoureux en 15 minutes. Vous n'imaginez pas à quel point cela a été difficile. Il m'a fallu être impitoyable, me maîtriser et peser chacune de mes décisions, qu'il s'agisse de la quantité d'ingrédients utilisés ou du nombre de casseroles sur la cuisinière ! Pourtant, le résultat en vaut vraiment la peine, car mon équipe et moi sommes ravis du résultat que nous avons obtenu avec ce livre. Ayez confiance en nos efforts et sachez que si vous suivez mes conseils et si vous disposez du matériel indispensable pour cuisiner rapidement, vous pourrez savourer ces bons petits plats sains chez vous, peut-être même dès ce soir.

J'ai puisé mon inspiration dans le monde entier pour créer ces plats indéniablement délicieux. Pour moi, le meilleur dans tout ça est de retrouver dans un même ouvrage de formidables saveurs, une réalisation incroyablement rapide et des plats nourrissants et sains au quotidien.

Finalement, *15 minutes* est un état d'esprit, et je suis sûr que si vous vous y mettez réellement, vous vous prendrez au jeu. C'est une cuisine amusante, dynamique et pragmatique. Bien sûr, il vous faudra peut-être un peu plus de 15 minutes les premières fois, mais ce n'est pas grave, il ne s'agit pas d'une course. Ces merveilleuses recettes ont un rythme et chacune a sa propre mesure. Une fois que vous aurez intégré ce principe ainsi que les raccourcis et conseils que je vous donne, vous parviendrez à préparer ces plats en l'espace de 15 minutes. Je ne dis pas ça parce que je suis chef. Ces recettes ont été testées par des cuisiniers de tout niveau, adolescents et retraités, papas et mamans qui travaillent, et leurs résultats ont été à la hauteur de mon enthousiasme et de celui de mon équipe, si positive et motivée. Chacun d'entre eux m'a aidé à donner à ces recettes leur forme actuelle. S'ils y sont arrivés, vous pouvez le faire aussi.

Les plats de ce livre sont goûteux, ont du caractère et conviendront aussi bien à une maison pleine d'étudiants qu'à une famille au grand complet.

RAPIDE

Je sais qu'on pense souvent que cuisiner revient beaucoup plus cher qu'aller dans un *fast-food*, mais c'est une idée reçue. Le coût moyen d'un repas équilibré et savoureux de ce livre est d'environ 4,40 € par personne en utilisant des ingrédients de bonne qualité, ce qui est bien souvent moins cher qu'un plat tout prêt équivalent, un plat à emporter ou un plateau dans un *fast-food*. Et si vous vous habituez à faire vos courses chaque semaine – et plongez tête la première et talents culinaires dans l'univers de 15 minutes –, cela vous prendra même moins de temps que d'aller chercher un repas tout prêt. Bien sûr, les plats préparés peuvent être utiles de temps en temps, mais je crois fermement que ce livre peut donner à des gens de tout âge la force et le courage de se concocter essentiellement de vrais bons repas.

DÉLICIEUX

NOUS Y SOMMES, VOILÀ LA PHILOSOPHIE DE *15 MINUTES* : DES PLATS RAPIDES, SAVOUREUX, ABORDABLES ET BONS POUR LA SANTÉ. J'ESPÈRE DE TOUT CŒUR QUE VOUS L'ADOPTEREZ, CAR JE LA METS EN ŒUVRE DE DIFFÉRENTES MANIÈRES. LA VOICI À VOTRE PORTÉE, PRENEZ-EN BONNE NOTE ET LANCEZ-VOUS. BONNE CHANCE, JE SAIS QUE VOUS POUVEZ LE FAIRE.

15

IMPORTANT

COMMENT PRÉSENTER VOS PLATS

Investir dans quelques grands plats, planches et saladiers est indispensable à l'esprit de *15 minutes*. Il s'agit ici de servir un repas à toute la famille, de le partager et d'y participer. Dans l'absolu, la recette sera délicieuse quel que soit le plat de service, mais si vous le présentez dans de la vaisselle choisie au hasard et sans intérêt, vous passez à côté de votre objectif. La vaisselle ne doit pas forcément être coûteuse : vous pouvez, comme moi, confectionner vos propres planches avec de la peinture alimentaire, ou choisir vos plats et vos assiettes au marché aux puces. Bonne chasse !

TRÈS IMPORTANT

COMMENT CUISINER RAPIDEMENT

Si vous souhaitez cuisiner des plats délicieux en 15 minutes, il vous faut ces accessoires de cuisine, ustensiles et équipements. Si vous ne les possédez pas, vous ne pourrez pas confectionner votre plat dans les temps. Cette liste n'est pas compliquée et, pour être honnête, vous pouvez trouver tous ces ustensiles à des prix très raisonnables (n'hésitez pas cependant à choisir des modèles un peu plus chers si vous pouvez vous le permettre). Un robot, un mixeur, un mixeur plongeant et une bouilloire sont indispensables, et c'est indiscutable. Bonne chance !

COMMENT INVESTIR VOTRE CUISINE

J'ai vu de nombreuses cuisines au cours de ma carrière et il n'est pas rare qu'elles soient mal organisées. Cela risque de vous ralentir lorsque vous cuisinez. Débarrassez donc le désordre et les objets tels que les tirelires et les magazines qui s'accumulent et n'ont rien à voir avec la nourriture. C'est une simple question de bon sens : tout ce qui est nécessaire à préparer ou mélanger les ingrédients doit se trouver là où vous cuisinez. Cet espace doit rassembler ce que vous utilisez le plus souvent, qu'il s'agisse de boîtes en plastique, de couteaux, de casseroles, ou même du réfrigérateur. Vous pourrez agir ainsi de manière instinctive et rapide en cuisine. Bon ménage de printemps !

stevens
1kg
2lb

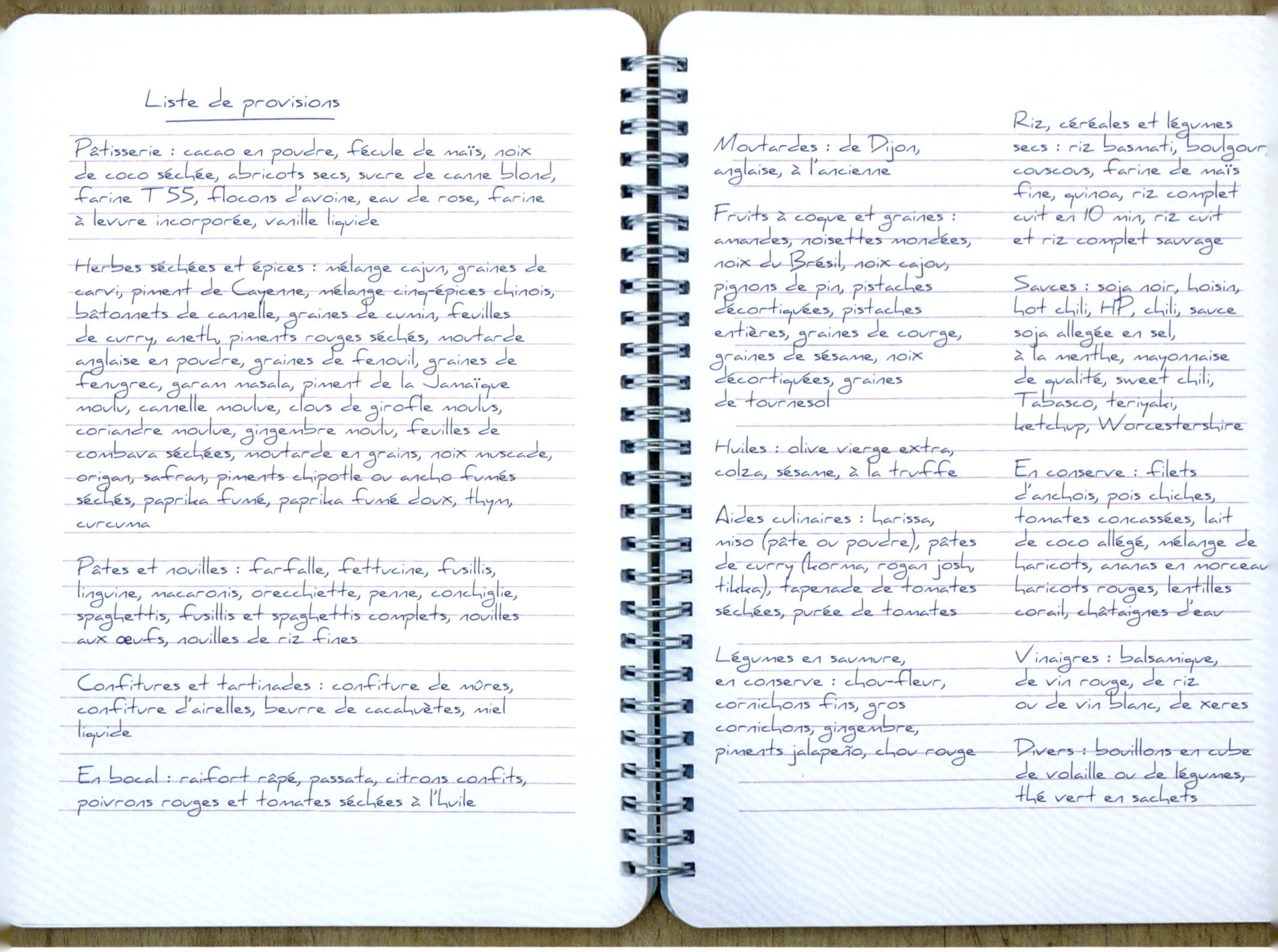

Liste de provisions

Pâtisserie : cacao en poudre, fécule de maïs, noix de coco séchée, abricots secs, sucre de canne blond, farine T55, flocons d'avoine, eau de rose, farine à levure incorporée, vanille liquide

Herbes séchées et épices : mélange cajun, graines de carvi, piment de Cayenne, mélange cinq-épices chinois, bâtonnets de cannelle, graines de cumin, feuilles de curry, aneth, piments rouges séchés, moutarde anglaise en poudre, graines de fenouil, graines de fenugrec, garam masala, piment de la Jamaïque moulu, cannelle moulue, clous de girofle moulus, coriandre moulue, gingembre moulu, feuilles de combava séchées, moutarde en grains, noix muscade, origan, safran, piments chipotle ou ancho fumés séchés, paprika fumé, paprika fumé doux, thym, curcuma

Pâtes et nouilles : farfalle, fettucine, fusillis, linguine, macaronis, orecchiette, penne, conchiglie, spaghettis, fusillis et spaghettis complets, nouilles aux œufs, nouilles de riz fines

Confitures et tartinades : confiture de mûres, confiture d'airelles, beurre de cacahuètes, miel liquide

En bocal : raifort râpé, passata, citrons confits, poivrons rouges et tomates séchées à l'huile

Moutardes : de Dijon, anglaise, à l'ancienne

Fruits à coque et graines : amandes, noisettes mondées, noix du Brésil, noix cajou, pignons de pin, pistaches décortiquées, pistaches entières, graines de courge, graines de sésame, noix décortiquées, graines de tournesol

Huiles : olive vierge extra, colza, sésame, à la truffe

Aides culinaires : harissa, miso (pâte ou poudre), pâtes de curry (korma, rogan josh, tikka), tapenade de tomates séchées, purée de tomates

Légumes en saumure, en conserve : chou-fleur, cornichons fins, gros cornichons, gingembre, piments jalapeño, chou rouge

Riz, céréales et légumes secs : riz basmati, boulgour, couscous, farine de maïs fine, quinoa, riz complet cuit en 10 min, riz cuit et riz complet sauvage

Sauces : soja noir, hoisin, hot chili, HP, chili, sauce soja allégée en sel, à la menthe, mayonnaise de qualité, sweet chili, Tabasco, teriyaki, ketchup, Worcestershire

En conserve : filets d'anchois, pois chiches, tomates concassées, lait de coco allégé, mélange de haricots, ananas en morceau haricots rouges, lentilles corail, châtaignes d'eau

Vinaigres : balsamique, de vin rouge, de riz ou de vin blanc, de xeres

Divers : bouillons en cube de volaille ou de légumes, thé vert en sachets

VOS PROVISIONS

Voici ma liste de courses pour un placard à provisions bien organisé. Ces ingrédients sont réellement de bons investissements pour cuisiner des plats savoureux et reviennent régulièrement dans ce livre. Ce que j'apprécie, c'est qu'une fois qu'ils sont sur votre étagère, ils attendent patiemment d'intervenir en cuisine pour illuminer vos repas. Ils sont presque tous non périssables. Si vous le souhaitez, rendez-vous sur le site *www.jamieoliver.com/15pantrylist* pour vous procurer cette liste (en anglais) dans un format facile à imprimer ou à visualiser en ligne, afin de vérifier ce qu'il vous manque pour vos prochaines courses. En ce qui concerne les ingrédients frais – en fonction de votre budget –, je vous recommande de soutenir la consommation durable lorsque vous achetez des œufs, de la viande, du poisson, de la mayonnaise, des cubes de bouillon, des nouilles aux œufs et des pâtes. En contrepartie, ces achats responsables vous apporteront plus de saveurs et vous aideront à mieux appréhender votre impact sur le monde.

LET

DIM SUM AU POULET

BRIOCHES NOIX DE COCO, CONCOMBRES & HOISIN

POUR 4 | 795 KCAL

Brioches à la noix de coco
40 cl de lait de coco allégé
500 g de farine à levure incorporée + à saupoudrer

Poulet, concombres & accompagnement
2 blancs de poulet de 200 g sans la peau
140 g de mélange de champignons
3 cuil. à soupe de sauce hoisin + en accompagnement
1 ½ citron vert
200 g de brocolis nains (bimi)
1 concombre
1 cuil. à soupe de sauce soja allégée en sel
1 cuil. à soupe de vinaigre de riz ou de vin blanc
½ bouquet de coriandre fraîche
3 cuil. à soupe de graines de sésame
100 g de gingembre mariné
1 à 2 piments rouges frais
Sel

Ingrédients prêts • bouilloire prête • robot, lame couteau • 16 caissettes à muffins antiadhésives • 2 paniers en bambou de 25 cm de diamètre • wok, feu moyen à fort • petite poêle, feu doux

COMMENCEZ LA PRÉPARATION

Dans le robot, versez le lait de coco, la farine à levure incorporée et une bonne pincée de sel ; mélangez-les jusqu'à obtention d'une pâte, puis déposez-la sur un plan de travail fariné • Façonnez un boudin de pâte, découpez-le en 8 boules de tailles égales, déposez-les dans des caissettes en papier doublées et disposez-les sur un seul niveau dans le panier vapeur • Versez 5 cm d'eau bouillante dans le wok, placez le panier fermé dessus et faites cuire les brioches à la vapeur

Découpez le poulet en lamelles de 1 cm et mélangez-le dans un saladier avec les champignons grossièrement découpés, la sauce hoisin, le jus de ½ citron vert et une pincée de sel • Déposez-les avec le bimi dans le deuxième panier et placez-le sous le panier de brioches pendant 5 min jusqu'à ce que son contenu soit cuit • Détaillez le concombre en rubans avec un économe, mélangez-le dans un saladier avec la sauce soja, le vinaigre et quelques feuilles de coriandre coupées, puis, avec des mains propres, pressez l'ensemble pour en imprégner le concombre

Faites dorer le sésame à la poêle, découpez le citron vert restant en quartiers et servez-les, avec le gingembre mariné et la sauce hoisin restante, dans de petits ramequins • Servez les brioches et le poulet dans les paniers vapeur, en parsemant le tout de la coriandre restante et de piment finement émincé

POULET *TIKKA*

SALADE DE LENTILLES, ÉPINARDS & *NAANS*

POUR 4 | 607 KCAL

Ingrédients prêts • gril, feu fort • petite poêle, feu moyen à doux • mixeur

Poulet

2 blancs de poulet de 200 g sans la peau
2 cuil. à café bombées de pâte *tikka*
4 champignons de Paris bruns

Salade

4 tiges de ciboule
1 piment rouge frais
1 cuil. à café bombée de graines de moutarde
½ cuil. à café de graines de cumin
250 g de lentilles du Puy prêtes à consommer
1 tomate mûre
Vinaigre de vin rouge
1 gros bouquet de coriandre fraîche
2 citrons
4 cuil. à soupe de yaourt nature 0 %
1 cuil. à soupe bombée de noix cajou
1 cuil. à soupe bombée de chutney de mangue
1 cuil. à café de curcuma
2 *naans*
200 g de pousses d'épinards
½ concombre
1 carotte
30 g de feta

Huile d'olive
Sel, poivre

COMMENCEZ LA PRÉPARATION

Sur une grande feuille de papier sulfurisé, enrobez le poulet de sel, de poivre et de pâte *tikka* • Repliez le papier puis aplatissez le poulet sur 1,5 cm d'épaisseur avec un rouleau à pâtisserie • Faites-le cuire sur le gril chaud avec les champignons coupés en deux, en les retournant au bout de 3 à 4 min environ, jusqu'à ce qu'ils soient grillés et bien cuits • Nettoyez et émincez finement la ciboule et la moitié du piment

Dans la poêle, faites revenir les graines de moutarde et de cumin dans 2 cuil. à soupe d'huile d'olive, puis ajoutez-y la ciboule émincée et le piment • Versez les lentilles dans la poêle, écrasez-y la tomate et ajoutez-y une pincée de sel et de poivre et un trait de vinaigre de vin rouge • Remuez de temps en temps pendant quelques minutes, puis abaissez le feu • Mixez les tiges de coriandre (gardez-en quelques-unes pour le décor) avec le jus de 1 citron, le yaourt, les noix cajou, le chutney de mangue et le curcuma pour obtenir une sauce homogène

Ôtez le poulet et les champignons du gril et déposez-y les *naans* • Sur une planche de service ou une assiette, disposez les pousses d'épinards et recouvrez-les de lentilles, ajoutez-y le concombre et la carotte découpés en rubans avec un économe, puis les champignons • Émincez le poulet, les *naans* et le piment restant et recouvrez-en la salade, puis émiettez par-dessus la feta et versez quelques cuillerées de sauce • Parsemez le plat de coriandre en touche finale et servez avec des quartiers de citron

POULET CAJUN ÉPICÉ

PURÉE DE PATATES DOUCES & SALSA DE MAÏS

POUR 4 | 651 KCAL

Ingrédients prêts • bouilloire prête • gril, feu fort • robot, disque à émincer fin • grande casserole avec couvercle, feu fort • grande poêle, feu moyen à fort

Salsa
4 épis de maïs
1 petit bouquet de coriandre fraîche
1 piment rouge frais
4 tiges de ciboule
3 tomates mûres
Le jus de 2 citrons verts

Purée
800 g de patates douces
2 cuil. à soupe de sauce *sweet chili*

Poulet
4 blancs de poulet de 120 g sans la peau
1 cuil. à soupe d'épices cajun
1 cuil. à soupe de polenta
2 tranches de poitrine fumée
175 g de gombos
20 g de feta

Huile d'olive vierge extra
Sel, poivre

COMMENCEZ LA PRÉPARATION

Faites cuire le maïs sur le gril en le retournant lorsqu'il est grillé • Lavez les patates douces, retirez les yeux avec un économe puis émincez-les finement au robot • Faites-les cuire dans la casserole remplie d'eau salée bouillante et couvrez-les • Sur une grande feuille de papier sulfurisé, enrobez le poulet de sel, d'assaisonnement cajun et de polenta • Repliez le papier, puis aplatissez le poulet sur 1,5 cm d'épaisseur avec un rouleau à pâtisserie

Faites cuire le poulet à la poêle dans 2 cuil. à soupe d'huile d'olive en le retournant au bout de 3 à 4 min jusqu'à ce qu'il soit doré et bien cuit • Égouttez bien les patates douces, écrasez-les dans la casserole avec la sauce *sweet chili*, couvrez et prolongez la cuisson à feu très doux • Émincez la poitrine fumée et ajoutez-la au poulet • Dès qu'il commence à croustiller, incorporez les gombos

Tenez fermement les épis de maïs et ôter les grains à l'aide d'un couteau, puis placez-les dans un saladier • Hachez grossièrement les feuilles de coriandre et ajoutez-les au maïs • Émincez finement le piment et la ciboule nettoyée, hachez les tomates et mettez le tout dans le saladier avec une pincée de sel, le jus de citron vert et 1 cuil. à soupe d'huile d'olive, puis mélangez bien • Servez la purée de patates douces avec le poulet et les gombos, parsemez-les de feta et servez avec la salsa fraîche

SALADE DE POULET
INCROYABLEMENT DÉLICIEUSE

POUR 4 | 557 KCAL

Ingrédients prêts • bouilloire prête • casserole moyenne avec couvercle, feu fort • poêle, feu fort • gril, feu fort

Salade

1 brocoli
4 blancs de poulet de 120 g sans la peau
1 cuil. à café bombée de coriandre moulue
300 g de boulgour
2 citrons confits
1 botte de radis
2 tiges de ciboule
½ bouquet de menthe fraîche
4 cuil. à soupe d'huile d'olive vierge extra
3 cuil. à soupe de vinaigre de vin rouge
2 cuil. à soupe de graines de tournesol
1 bouquet de cresson

En accompagnement

4 cuil. à soupe de yaourt nature 0 %
2 cuil. à café de harissa
1 citron

Sel, poivre

COMMENCEZ LA PRÉPARATION

Remplissez la casserole d'eau bouillante salée • Nettoyez les tiges du brocoli, découpez-le en fleurettes et faites-les bouillir pendant 4 min • Sur une grande feuille de papier sulfurisé, enrobez le poulet de sel, de poivre et de coriandre, puis repliez le papier et écrasez le poulet sur 1,5 cm d'épaisseur avec un rouleau à pâtisserie • Faites-le cuire à la poêle avec 2 cuil. à soupe d'huile jusqu'à ce qu'il soit doré

Avec des pinces, égouttez le brocoli (gardez l'eau de cuisson sur le feu), puis faites-le griller • Versez le boulgour et les citrons dans l'eau du brocoli et faites cuire à couvert en remuant régulièrement • Coupez les radis en deux ou écrasez-les, nettoyez et émincez finement la ciboule et les feuilles de menthe, puis mélangez le tout dans un saladier avec 2 cuil. à soupe d'huile d'olive vierge extra et le vinaigre, puis assaisonnez à votre goût

Égouttez le boulgour et versez-le dans un grand plat de service, puis incorporez-y les citrons confits écrasés et déposez le brocoli dessus • Enrobez les graines de tournesol de jus de cuisson du poulet, puis émincez le poulet et ajoutez-le à la salade avec les graines de tournesol et le cresson effeuillé • Servez le tout avec quelques cuillerées de yaourt, un peu de harissa et des quartiers de citron

FAJITAS BRÛLANTES AU POULET

POIVRONS GRILLÉS, SALSA, RIZ & HARICOTS

POUR 4 | 610 KCAL

Salsa
1 piment chipotle ou ancho fumé séché
2 tiges de ciboule
1 grosse tomate mûre
½ bouquet de coriandre fraîche + en accompagnement
1 piment rouge frais
Le jus de 1 citron vert
2 cuil. à café de vinaigre balsamique
1 cuil. à soupe de sauce soja allégée en sel

Fajitas
2 poivrons de couleurs différentes
1 oignon rouge
200 g de poulet sans peau
1 cuil. à café de paprika doux fumé

Riz & haricots
400 g de haricots en conserve
½ cuil. à café de graines de cumin
1 piment rouge frais
250 g de riz complet cuit
Le jus de 1 citron

En accompagnement
4 tortillas de farine complète
1 citron vert
4 cuil. à soupe de yaourt nature 0 %
20 g de feta

Huile d'olive
Sel, poivre

Ingrédients prêts • bouilloire prête • mixeur • gril, feu fort • poêle moyenne, feu moyen à fort • grande casserole, feu moyen

COMMENCEZ LA PRÉPARATION

Émiettez le piment séché dans le mixeur et recouvrez-le à peine d'eau bouillante pour le réhydrater • Nettoyez la ciboule et déposez-la dans le robot avec la tomate, les tiges de coriandre, le piment frais, le jus de 1 citron vert, le vinaigre balsamique et la sauce soja, puis couvrez et laissez le mélange infuser • Retirez les tiges et les pépins des poivrons, puis découpez-les en deux et faites-les griller • Épluchez l'oignon rouge, découpez-le en quartiers, salez et poivrez-les, faites-les griller

Sur une grande feuille de papier sulfurisé, enrobez le poulet de sel, de poivre et de paprika • Repliez le papier puis écrasez le poulet sur 1,5 cm d'épaisseur avec un rouleau à pâtisserie • Faites-le cuire à poêle dans 1 cuil. à soupe d'huile, en le retournant au bout de 3 à 4 min jusqu'à ce qu'il soit doré • Égouttez et rincez les haricots, puis versez-les dans une grande casserole avec 1 cuil. à soupe d'huile, le cumin et le piment frais entier • Mélangez pendant quelques minutes jusqu'à ce que les haricots soient croustillants à l'extérieur

Mixez le contenu du mixeur, puis versez-le dans un petit bol de service • Réchauffez le riz en l'incorporant aux haricots avec le jus de citron • Disposez les légumes grillés sur une planche, puis réchauffez légèrement les tortillas sur le gril • Émincez le poulet et servez-le avec les légumes, le riz et les haricots, les tortillas et des quartiers de citron vert • Versez quelques cuillerées de yaourt sur les légumes, puis parsemez l'ensemble de feta émiettée et de coriandre

POULET CARAMÉLISÉ TOP

SALADE DE PASTÈQUE & RADIS, NOUILLES CROQUANTES

POUR 4 | 694 KCAL

Ingrédients prêts • bouilloire prête • grande poêle, feu fort • poêle moyenne, feu moyen • mixeur

Salade

200 g de nouilles de riz fines
800 g de pastèque
2 petites sucrines
1 poignée de radis
½ bouquet de menthe fraîche
½ bouquet de coriandre fraîche

Poulet

8 cuisses de poulet désossées sans la peau
1 cuil. à soupe de cinq-épices chinois
1 cuil. à soupe d'huile d'olive
2 cuil. à soupe de sauce *sweet chili*
2 cuil. à soupe de graines de sésame

Sauce

2 cuil. à soupe de sauce soja allégée en sel
1 cuil. à soupe de nuoc-mâm
½ à 1 piment rouge frais
1 morceau de gingembre de 2 cm
2 tiges de ciboule
Le jus de 2 citrons verts
1 petite gousse d'ail

Huile de sésame
Sel, poivre

COMMENCEZ LA PRÉPARATION

Dans un saladier, plongez les nouilles dans de l'eau bouillante • Sur une grande feuille de papier sulfurisé, enrobez le poulet de sel, de poivre et de cinq-épices • Repliez le papier, puis écrasez le poulet sur 1,5 cm d'épaisseur avec un rouleau à pâtisserie • Faites-le cuire dans la grande poêle avec l'huile d'olive en le retournant au bout de 3 à 4 min jusqu'à ce qu'il soit doré et bien cuit • Égouttez les nouilles, déposez-les sur un plat de service et mélangez-les à 1 cuil. à soupe d'huile de sésame • Faites frire un quart des nouilles dans la poêle moyenne en remuant régulièrement jusqu'à ce qu'elles soient croquantes

Retirez l'écorce de la pastèque, découpez la chair en gros morceaux et ajoutez-les aux nouilles • Nettoyez la salade et découpez-la en petits quartiers, coupez les radis en deux, émincez finement les feuilles de menthe et la majorité des feuilles de coriandre, puis ajoutez le tout au plat • Placez les tiges de coriandre restantes dans le mixeur avec la sauce soja, le nuoc-mâm, le piment, le gingembre épluché, la ciboule parée, un peu d'eau, 1 cuil. à soupe d'huile de sésame, le jus de citron vert, l'ail non épluché et écrasé. Mixez jusqu'à obtention d'une sauce homogène

Videz la poêle des graisses de cuisson du poulet, remettez-la sur le feu et versez-y la sauce *sweet chili* et les graines de sésame • Versez la sauce sur la salade et mélangez intimement avec vos mains propres, puis émiettez dessus les nouilles croquantes • Déposez le poulet sur une planche et décorez-le de quelques feuilles de coriandre

POULET À LA MEXICAINE
MALICIEUX *MOLE*, RIZ & LÉGUMES

POUR 4 | 625 KCAL

Poulet, riz & légumes
2 carottes
2 tiges de ciboule
2 cubes de bouillon de volaille
1 poivron rouge
2 tranches de poitrine fumée
2 brins de thym frais
300 g de riz complet ou basmati (cuit en 10 min)
4 blancs de poulet de 120 g sans la peau
175 g de gombos
100 g de petits pois surgelés

Sauce mole
3 tiges de ciboule
2 gousses d'ail
½ piment rouge frais
1 piment chipotle ou ancho fumé séché
1 pincée de graines de cumin
1 cuil. à soupe bombée de beurre de cacahuètes onctueux
30 g de chocolat noir (70 % de cacao)
1 cuil. à café bombée de cacao en poudre
1 tronçon de banane de 2,5 cm
Le jus de 1 citron

Sel, poivre

Ingrédients prêts • bouilloire prête • cocotte avec couvercle, feu moyen • casserole moyenne avec couvercle, feu moyen • mixeur • poêle moyenne, feu doux

COMMENCEZ LA PRÉPARATION

Émincez finement les carottes et la ciboule nettoyée, puis faites-les cuire dans la cocotte avec ½ l d'eau bouillante et les cubes de bouillon émiettés • Épépinez le poivron, coupez-le en huit et ajoutez-le dans le bouillon avec la poitrine fumée émincée et le thym, puis couvrez • Dans la casserole, versez le riz et 2 tasses d'eau avec une pincée de sel et faites cuire à couvert en remuant régulièrement

Mixez finement la ciboule nettoyée avec l'ail épluché, les piments, le cumin, le beurre de cacahuètes, quelques louches d'eau bouillante, du sel et du poivre • Versez le mélange dans la poêle, portez-le à ébullition puis faites-le cuire à frémissement • Ajoutez le poulet, les gombos et les pois dans la cocotte et faites cuire le poulet à cœur, puis couvrez

Versez le contenu de la poêle dans le mixeur et ajoutez-y le chocolat, le cacao, la banane épluchée et le jus de citron, puis mixez jusqu'à obtention d'une sauce onctueuse, assaisonnez-la • Aérez le riz, émincez finement le poulet, puis servez-le avec le *mole*, les légumes et le bouillon

SUPERBE POULET À LA GRECQUE COUSCOUS AUX HERBES & TZATZIKI

POUR 4 | 683 KCAL

Ingrédients prêts • bouilloire prête • grande poêle, feu moyen à fort • robot, lame couteau

Couscous
300 g de couscous
2 poivrons de couleurs différentes
1 piment rouge frais
4 tiges de ciboule
½ bouquet d'aneth frais
200 g de petits pois à écosser frais ou surgelés
1 petite poignée d'olives noires (entières)
Jus de citron
40 g de feta

Poulet
2 blancs de poulet de 200 g sans la peau
1 cuil. à café bombée d'origan séché
1 cuil. à café de piment de la Jamaïque moulu
Le zeste de 1 citron

Tzatziki
½ concombre
250 g de yaourt nature 0 %
Le jus de ½ citron
½ bouquet de menthe fraîche

Huile d'olive vierge extra
Sel, poivre

COMMENCEZ LA PRÉPARATION

Dans un saladier, faites gonfler le couscous avec 2 tasses d'eau bouillante et une pincée de sel, puis couvrez • Sur une grande feuille de papier sulfurisé, enrobez le poulet de sel, de poivre, d'origan, de piment et de zeste de citron finement râpé • Repliez le papier puis écrasez le poulet sur 1,5 cm d'épaisseur avec un rouleau à pâtisserie • Faites-le dorer à la poêle dans 2 cuil. à soupe d'huile d'olive en le retournant au bout de 3 à 4 min

Râpez grossièrement le concombre • Saupoudrez-le d'une bonne pincée de sel, puis pressez-en l'excédent d'eau avec vos mains propres • Dans un saladier, mélangez-le avec le yaourt, le jus de citron et une pincée de poivre ; hachez finement les feuilles de menthe et incorporez-les • Retirez la queue et les pépins des poivrons et du piment, puis hachez-les finement au robot avec la ciboule nettoyée et l'aneth • Étalez-les dans un grand plat de service ou une assiette

Déposez dessus les petits pois (si vous utilisez des petits pois surgelés, faites-les blanchir à l'eau bouillante pendant quelques minutes au préalable), les olives dénoyautées et découpées, puis arrosez de jus de citron et de 2 cuil. à soupe d'huile d'olive • Aérez le couscous et recouvrez-en les légumes, mélangez-les bien et assaisonnez à votre convenance • Placez le poulet cuit sur une planche, émincez-le puis répartissez-le autour du couscous • Parsemez le plat de feta émiettée et servez avec le tzatziki

POULET AU ROMARIN
POLENTA GRILLÉE & SAUCE TOMATE AUX CÈPES

POUR 4 | 455 KCAL

Ingrédients prêts • bouilloire prête • mixeur • casserole moyenne avec couvercle, feu moyen • gril, feu fort • poêle, feu moyen

Sauce

1 grosse pincée de cèpes séchés
400 g de tomates en grappe mûres
1 cuil. à soupe bombée de purée de tomates
½ piment rouge frais
1 bouquet de basilic frais
2 gousses d'ail

Poulet & polenta

500 g de polenta déjà cuite
2 cuil. à soupe d'huile d'olive
300 g d'asperges
2 blancs de poulet de 200 g sans la peau
Quelques brins de romarin frais
½ cuil. à soupe de graines de fenouil
20 g de parmesan
4 tranches de pancetta fumée
150 g de pleurotes
200 g de pousses d'épinards
Vinaigre balsamique

Sel, poivre

COMMENCEZ LA PRÉPARATION

Mixez les cèpes avec 15 cl d'eau bouillante, les tomates, la purée de tomates, le piment, le basilic et l'ail non épluché écrasé au presse-ail jusqu'à obtention d'une sauce homogène • Versez-la dans la casserole moyenne et faites-la cuire pendant 8 min en remuant régulièrement • Découpez 8 tranches de polenta, enrobez-les de sel, de poivre et de 1 cuil. à soupe d'huile et faites-les cuire au gril. Retournez-les quand elles sont grillées et déposez les asperges dessus

Sur une grande feuille de papier sulfurisé, enrobez le poulet de sel, de poivre, de feuilles de romarin, de graines de fenouil et de parmesan finement râpé • Repliez la feuille puis aplatissez le poulet sur 1,5 cm d'épaisseur avec un rouleau à pâtisserie • Faites-le cuire à la poêle dans 1 cuil. à soupe d'huile d'olive, en le retournant au bout de 3 à 4 min jusqu'à ce qu'il soit doré et bien cuit • Ajoutez la pancetta et les champignons dans la poêle au moment de retourner le poulet

Assaisonnez la sauce à votre goût, versez-la dans un joli plat de service et garnissez-la de tranches de polenta et d'asperges • Déposez le poulet, la pancetta et les champignons sur une planche pendant que vous faites rapidement cuire les épinards dans la poêle • Assaisonnez les épinards à votre convenance et versez-les dans le plat • Émincez le poulet et recouvrez-en la polenta avec la pancetta et les champignons, puis terminez par un filet de vinaigre balsamique

SALADE TIÈDE DE FOIES DE VOLAILLE PETITS TOASTS GALLOIS AU FROMAGE

POUR 4 | 607 KCAL

Ingrédients prêts • gril du four à pleine puissance • robot, disque pour émincer fin • grande poêle, feu moyen

Toasts au fromage

1 ciabatta ; 100 g de cheddar
4 cuil. à soupe de yaourt nature 0 %
2 cuil. à café de moutarde à l'ancienne
1 cuil. à soupe de sauce Worcestershire
Tabasco

Salade

1 petit oignon rouge
½ concombre ; 1 carotte
Le jus de 1 citron
½ bouquet de persil plat frais
200 g de mesclun
50 g de germes d'alfalfa
Vinaigre balsamique
10 g de feta

Foies de volaille

2 tranches de poitrine fumée
400 g de foies de volaille, nettoyés et parés
2 brins de romarin frais
1 cuil. à café de marmelade d'orange ou de citron
12,5 cl de marsala
2 cuil. à soupe de yaourt nature 0 %

Huile d'olive
Sel, poivre

COMMENCEZ LA PRÉPARATION

Découpez la ciabatta en 8 tranches épaisses • Disposez-les sur une plaque et faites-les légèrement griller au four sur les deux faces • Râpez finement le cheddar dans un bol et mélangez-le avec le yaourt, la moutarde, la sauce Worcestershire et quelques gouttes de Tabasco • Recouvrez-en les toasts et remettez-les sous le gril à mi-hauteur du four, sortez-les lorsqu'ils sont dorés et croustillants (surveillez la cuisson)

Épluchez l'oignon, le concombre et la carotte, émincez-les finement au robot • Placez-les dans un saladier, versez le jus de citron, 2 cuil. à soupe d'huile d'olive vierge extra, salez et poivrez, puis ajoutez les feuilles de persil grossièrement déchirées • Émincez la poitrine fumée et faites-la cuire à la poêle sur feu fort dans 1 cuil. à soupe d'huile d'olive, avec les foies de volaille et les feuilles de romarin • Mélangez régulièrement 3 min, salez et poivrez, incorporez la marmelade et le marsala, faites-les flamber prudemment avec une allumette (si vous le souhaitez), laissez la flamme s'éteindre, et prolongez la cuisson jusqu'à ce que le mélange caramélise, puis ôtez-le du feu et dessinez dessus des marbrures de yaourt

Mélangez le mesclun et les pousses d'alfalfa avec les légumes émincés, assaisonnez la salade de vinaigre balsamique et servez-la dans un grand plat • Émiettez par-dessus la feta et entourez la salade de toasts • Dégustez-les avec la poêlée de foies de volaille

LAKSA THAÏ AU POULET
NOUILLES & BOUILLON DE COURGE ÉPICÉ

POUR 4 | 656 KCAL

Poulet
4 cuisses de poulet désossées sans la peau
1 cuil. à café bombée de cinq-épices chinois
1 cuil. à soupe de miel liquide
2 citrons verts
1 cuil. à soupe de graines de sésame
1 piment rouge frais

Laksa
1 cube de bouillon de volaille ou de légumes
1 courge butternut (partie supérieure seulement)
2 gousses d'ail
1 morceau de gingembre de 2 cm
1 piment rouge frais
1 cuil. à café de curcuma
½ botte de ciboule
1 cuil. à café de beurre de cacahuètes
4 feuilles de combava séchées
½ bouquet de coriandre fraîche
1 cuil. à soupe d'huile de sésame
1 cuil. à soupe de sauce soja allégée en sel
1 cuil. à soupe de nuoc-mâm
300 g de nouilles de riz moyennes
600 g d'asperges
40 cl de lait de coco allégé
1 citron vert ; Sel, poivre

Ingrédients prêts • bouilloire prête • gril, feu fort • grande casserole avec couvercle, feu fort • robot, disque à râper épais et lame couteau

COMMENCEZ LA PRÉPARATION

Sur une grande feuille de papier sulfurisé, enrobez le poulet de sel, de poivre et de cinq-épices • Repliez le papier, aplatissez le poulet sur une épaisseur de 1,5 cm avec un rouleau à pâtisserie • Faites-le cuire sur le gril chaud en le retournant au bout de 3 à 4 min jusqu'à ce qu'il soit grillé et bien cuit • Remplissez la casserole d'environ 80 cl d'eau bouillante et émiettez dedans le cube de bouillon

Ôtez la tige de la courge, hachez-en grossièrement la partie supérieure (ne l'épluchez pas et conservez la partie contenant les graines pour une autre fois), puis râpez-la et mettez-la dans le bouillon • Placez la lame couteau dans le robot et déposez-y l'ail épluché, le gingembre pelé, le piment, le curcuma, la ciboule nettoyée, le beurre de cacahuètes, les feuilles de combava, les tiges de coriandre (gardez les feuilles), l'huile de sésame, la sauce soja et le nuoc-mâm • Mixez jusqu'à obtention d'une pâte, puis intégrez-la au bouillon avec les nouilles

Nettoyez les asperges et découpez-les en deux • Ajoutez-les dans la casserole, versez le lait de coco et, dès qu'il commence à bouillir, goûtez et rectifiez l'assaisonnement avec de la sauce soja et du jus de citron vert, puis éteignez le feu • Recouvrez le poulet grillé de miel, du jus de 1 citron vert, de graines de sésame et enrobez-le bien • Servez-le avec le laksa et des quartiers de citron vert, en parsemant le tout de coriandre et de piment frais émincé

POULET GRILLÉ
SALADE DE QUINOA SAN FRANCISCO

POUR 4 | 617 KCAL

Ingrédients prêts • bouilloire prête • casserole moyenne avec couvercle, feu moyen à fort • robot, lame couteau • grande poêle, feu fort

Salade de quinoa
300 g de quinoa
1 piment rouge ou jaune frais
100 g de pousses d'épinards
4 tiges de ciboule
1 bouquet de coriandre fraîche
1 bouquet de menthe fraîche
1 grosse mangue mûre
Le jus de 2 citrons verts
2 cuil. à soupe d'huile d'olive vierge extra
1 avocat mûr
50 g de feta
1 bouquet de cresson

Poulet
2 blancs de poulet de 200 g sans la peau
1 cuil. à café bombée de piment de la Jamaïque moulu
1 cuil. à café de paprika fumé
1 cuil. à soupe d'huile d'olive
2 poivrons de couleurs différentes
Sel, poivre

En accompagnement
4 cuil. à soupe de yaourt nature 0 %

COMMENCEZ LA PRÉPARATION

Versez le quinoa dans la casserole et recouvrez-le généreusement d'eau bouillante, couvrez • Au robot, hachez finement le piment, les épinards, la ciboule nettoyée et la coriandre (gardez quelques feuilles), ainsi que les feuilles de menthe • Sur une grande feuille de papier sulfurisé, enrobez le poulet de sel, de poivre, de piment de la Jamaïque et de paprika • Repliez le papier, puis aplatissez le poulet sur 1,5 cm d'épaisseur avec un rouleau à pâtisserie et faites-le cuire la poêle avec l'huile d'olive en le retournant au bout de 3 à 4 min jusqu'à ce qu'il soit presque noir et bien cuit

Épépinez les poivrons, découpez-les en 8 bandes et ajoutez-les à la poêle en remuant régulièrement • Épluchez et découpez la mangue en morceaux (voir : *www.jamieoliver.com/how-to* pour une démonstration) • Égouttez le quinoa, rincez-le à l'eau du robinet, puis égouttez-le bien et versez-le sur une planche de service ou dans un plat • Mélangez-le avec la préparation aux épinards, ajoutez le jus de citron, l'huile d'olive, remuez bien et assaisonnez à votre convenance

Recouvrez le quinoa de mangue et de poivron cuit • Épluchez et dénoyautez l'avocat, puis confectionnez-en des billes sur la salade à l'aide d'une cuillère à café • Émincez le poulet, enrobez-le de jus de cuisson et ajoutez-le à la salade • Émiettez par-dessus la feta, terminez par les feuilles de coriandre restantes et le cresson ciselé • Servez avec des cuillerées de yaourt

POULET DORÉ

LÉGUMES BRAISÉS & GRATIN DE POMMES DE TERRE

POUR 4 | 666 KCAL

Gratin
800 g de pommes de terre
3 oignons
1 cube de bouillon de volaille
½ bouquet de sauge fraîche
10 cl de crème fraîche
30 g de parmesan

Poulet
4 blancs de poulet de 220 g sans la peau
Quelques brins de romarin frais
2 tranches de poitrine fumée

Légumes
200 g de jeunes poireaux
200 g de pousses d'épinards
200 g de petits pois surgelés

Huile d'olivre
Sel, poivre

Ingrédients prêts • bouilloire prête • gril du four allumé • robot, disque pour émincer fin • casserole moyenne avec couvercle, feu fort • grand plat à four à bords hauts, feu fort • grande poêle, feu moyen à fort

COMMENCEZ LA PRÉPARATION

Émincez finement les pommes de terre au robot puis placez-les dans la casserole moyenne, recouvrez-les d'eau bouillante et couvrez-les • Épluchez les oignons, émincez-les finement au robot, puis faites-les revenir dans le plat à four sur le feu avec l'huile, incorporez-y le cube de bouillon émietté, puis salez et poivrez • Déchirez les feuilles de sauge et ajoutez-les au plat, remuez régulièrement et rajoutez de l'eau si elles commencent à accrocher

Sur une grande feuille de papier sulfurisé, enrobez le poulet de sel, de poivre et de romarin puis repliez le papier et aplatissez la viande sur 1,5 cm d'épaisseur avec un rouleau à pâtisserie • Faites cuire le poulet à la poêle dans 1 cuil. à soupe d'huile en le retournant au bout de 3 à 4 min jusqu'à ce qu'il soit doré et bien cuit • Égouttez les pommes de terre avec une écumoire, recouvrez-en les oignons, mélangez-les et étalez-les en couche homogène • Recouvrez-les de crème, puis râpez finement le parmesan par-dessus et faites gratiner en haut du four

Coupez les poireaux en deux dans la longueur, rincez-les puis émincez-les finement • Dans la casserole vide, faites-les cuire sur feu fort avec 1 cuil. à soupe d'huile en remuant régulièrement • Émincez finement la poitrine fumée et ajoutez-la avec le poulet dans la casserole en mélangeant régulièrement • Incorporez-y les épinards et les petits pois • Lorsque les premiers ont fondu et que les seconds sont tendres, superposez-les sur une planche ou dans un plat en terminant par le poulet et la poitrine fumée • Servez-les avec le gratin

POULET CROUSTILLANT À LA POLENTA

SALADE CÉSAR

POUR 4 | 476 KCAL

Ingrédients prêts • grande poêle, feu moyen • gril, feu fort • mixeur

Poulet

2 blancs de poulet de 200 g sans la peau
½ cuil. à café de paprika doux fumé
2 cuil. à soupe bombées de polenta
1 cuil. à soupe d'huile d'olive

Salade

1 ciabatta ; 1 gousse d'ail
2 trévises
4 tranches de pancetta fumée
2 laitues romaines
10 tomates cerise mûres
2 gros bocaux de poivrons rouges en conserve
Vinaigre balsamique
1 bouquet de cresson

Sauce

1 ½ gousse d'ail
Le jus de 2 citrons
10 g de parmesan + en accompagnement
4 filets d'anchois
4 cuil. à soupe de yaourt nature 0 %
1 trait de sauce Worcestershire
1 cuil. à soupe de vinaigre de vin
1 cuil. à café de moutarde anglaise
½ bouquet de basilic frais

Sel, poivre

COMMENCEZ LA PRÉPARATION

Sur une grande feuille de papier sulfurisé, enrobez le poulet de sel, de poivre, de paprika et de polenta • Repliez le papier puis aplatissez le poulet sur 1,5 cm d'épaisseur avec un rouleau à pâtisserie • Faites-le cuire dans la poêle avec l'huile, en le retournant au bout de 3 à 4 min jusqu'à ce qu'il soit doré et bien cuit • Découpez la ciabatta en 4 tranches épaisses et placez-les sur le gril sur les deux faces jusqu'à ce qu'elles soient bien grillées

Écrasez l'ail non épluché au presse-ail (gardez ½ gousse) et déposez-le dans le mixeur • Ajoutez-y le jus de citron, le parmesan émietté et les autres ingrédients de la sauce • Mixez jusqu'à obtention d'une préparation lisse, puis assaisonnez-la à votre goût • Frottez les toasts avec ½ gousse d'ail et découpez-les en mouillettes • Découpez les trévises en quatre et faites-les griller avec la pancetta pendant quelques minutes

Émincez grossièrement les laitues et disposez-les sur une grande planche ou un plat de service • Ajoutez-y les mouillettes, les tomates coupées en deux et les poivrons émincés • Assaisonnez les trévises de vinaigre balsamique, et recouvrez-en la salade • Émincez le poulet, disposez-le sur la salade, ajoutez la sauce, émiettez dessus la pancetta croustillante et répartissez le cresson ciselé • Découpez quelques copeaux de parmesan supplémentaires à l'aide d'un économe si vous le souhaitez

POULET ÉPICÉ

LENTILLES AU BACON, ASPERGES & ÉPINARDS

POUR 4 | 616 KCAL

Ingrédients prêts • robot, lame couteau • four à 180 °C (th. 6) • grande casserole avec couvercle, feu moyen • grande poêle, feu moyen

Lentilles
1 oignon
1 carotte
2 brins de romarin frais
2 boîtes de 400 g de lentilles du Puy
1 tomate mûre
200 g de pousses d'épinards
1 cuil. à café de vinaigre de vin rouge
4 cuil. à soupe de yaourt nature 0 %

Poulet
4 blancs de poulet de 120 g sans la peau
½ cuil. à café de piment de Cayenne
4 gousses d'ail
1 poignée de thym, de romarin ou de laurier frais
4 tranches de pancetta fumée
300 g d'asperges

Huile d'olive
Sel, poivre

En accompagnement
Pain croustillant

COMMENCEZ LA PRÉPARATION

Épluchez et découpez en deux l'oignon et la carotte, puis mixez-les finement avec les feuilles de romarin • Faites-les revenir dans la casserole avec 1 cuil. à café d'huile, en remuant régulièrement • Sur une grande feuille de papier sulfurisé, enrobez la viande de sel, de poivre et de piment de Cayenne, puis repliez le papier et aplatissez le poulet sur 1,5 cm d'épaisseur avec un rouleau à pâtisserie • Faites-le cuire à poêle avec 1 cuil. à soupe d'huile, les gousses d'ail non épluchées et une poignée d'herbes fraîches en le retournant au bout de 3 à 4 min jusqu'à ce qu'il soit doré et bien cuit

Incorporez les lentilles en conserve (et leur jus) dans la casserole de légumes, ajoutez-y la tomate grossièrement concassée et faites cuire à couvert • Réchauffez le pain au four • Hachez grossièrement les épinards au robot et ajoutez-les aux lentilles avec le vinaigre de vin rouge • Lorsque les lentilles arrivent à ébullition et que les épinards ont fondu, assaisonnez-les à votre goût • Faites cuire la pancetta et les asperges nettoyées dans la poêle contenant le poulet jusqu'à ce qu'ils soient dorés et croustillants

Déposez les lentilles dans un plat, puis dessinez dessus des marbrures avec une bonne quantité de yaourt • Placez le poulet sur une planche, découpez-le en deux en diagonale et recouvrez-en les lentilles, ainsi que de pancetta croustillante, des asperges et de l'ail • Ajoutez quelques touches de yaourt restant, puis servez avec le pain croustillant

CANARD CROUSTILLANT
CUILLERÉES DE LAITUE HOISIN

POUR 4 | 738 KCAL

Ingrédients prêts • bouilloire prête • petite casserole avec couvercle, feu moyen • grande poêle, feu moyen

Cuillerées
4 nids de nouilles fines aux œufs
2 laitues iceberg
1 cuil. à soupe d'huile de sésame
4 cuil. à soupe de sauce hoisin
4 citrons verts
1 gousse d'ail
350 g de tofu soyeux
1 botte de jeunes radis
5 brins de coriandre fraîche
1 bouquet de cresson
Sauce *sweet chili*

Canard
2 magrets de canard de 200 g avec la peau
1 cuil. à café bombée de cinq-épices chinois
1 cuil. à soupe d'huile d'olive
1 piment rouge frais
2 tiges de ciboule
1 poignée de noix cajou
2 cuil. à soupe de graines de sésame
1 cuil. à café de miel liquide
Sel, poivre

COMMENCEZ LA PRÉPARATION

Déposez les nouilles dans la petite casserole et recouvrez-les d'eau bouillante, couvrez • Découpez le canard en dés de 1 cm, enrobez-le de sel, de poivre et de cinq-épices, puis faites-le cuire à la poêle avec l'huile en mélangeant régulièrement • Découpez les laitues, ôtez le cœur puis séparez les feuilles en coupelles, que vous disposerez sur un grand plateau propre ou un plat de service

Égouttez les nouilles et mélangez-les à l'huile de sésame, puis répartissez-les entre les feuilles de laitue • Émincez finement le piment et la ciboule nettoyée • Lorsque le canard est doré, ôtez l'excédent de matière grasse de la poêle, puis ajoutez-y le piment, la ciboule, les noix cajou et les graines de sésame, mélangez régulièrement

Dans un bol, versez la sauce hoisin dans un bol, pressez-y le jus de 3 citrons verts, écrasez-y l'ail non épluché au presse-ail et mélangez le tout • Recouvrez le canard de miel, secouez la poêle pour l'enrober, puis garnissez-en les cuillerées de laitue • Coupez le tofu en cubes de 2 cm puis répartissez-les autour • Parsemez de radis, de feuilles de coriandre, puis de cresson ciselé • Assaisonnez le plat d'un filet de sauce hoisin et ajoutez un peu de sauce *sweet chili* sur chaque morceau de tofu • Servez avec des quartiers de citron vert

BŒUF

CHILI CON CARNE BOULETTES

POUR 4 | 437 KCAL

Boulgour
300 g de boulgour
1 citron confit
1 bâton de cannelle

Boulettes
400 g de viande hachée de bœuf maigre
1 cuil. à café bombée de *garam masala*
3 poivrons rouges en conserve
4 tiges de ciboule
1 cuil. à café de paprika fumé
700 g de *passata*
1 bouquet de coriandre fraîche
4 piments frais
400 g de haricots rouges en conserve
1 pincée de graines de cumin
4 cuil. à soupe de yaourt nature 0 %
1 citron vert

Huile d'olive
Sel, poivre

Ingrédients prêts • bouilloire prête • gril, feu fort • casserole moyenne avec couvercle, feu fort • grande poêle, feu fort • mixeur • poêle moyenne, feu moyen

COMMENCEZ LA PRÉPARATION

Dans une casserole moyenne, versez le boulgour, 2 tasses d'eau bouillante, le citron confit et la cannelle et faites cuire à couvert en remuant régulièrement • Avec les mains propres, mélangez la viande hachée avec du sel, du poivre et le *garam masala* • Séparez la viande en 4 portions, puis, avec les mains humides, divisez chacune en 4 boulettes et faites-les cuire au fur et à mesure dans la poêle avec 1 cuil. à soupe d'huile, en les retournant régulièrement

Mixez les poivrons, la moitié de la ciboule nettoyée, le paprika, la *passata*, la moitié de la coriandre et une pincée de sel et de poivre jusqu'à obtention d'une sauce homogène, puis faites-la cuire sur feu fort dans la poêle moyenne (faites tourner une rasade d'eau dans le mixeur et ajoutez-la à la poêle) • Piquez les piments et faites-les noircir au gril, puis retirez-les

Rincez et égouttez les haricots, puis ajoutez-les aux boulettes avec les graines de cumin • Avec des pinces, transférez les boulettes dans la poêle contenant la sauce, et laissez les haricots dans la première • Émincez finement la ciboule restante • Ajoutez les haricots à la sauce • Retirez le bâton de cannelle, pressez le citron sur le boulgour et servez-le avec la sauce aux boulettes, des cuillerées de yaourt, les piments grillés et des quartiers de citron vert, et décorez avec la ciboule et les feuilles de coriandre restantes

BURGERS BRITANNIQUES
SALADE ÉMINCÉE, CORNICHONS & CO.

POUR 4 | 532 KCAL

Ingrédients prêts • four à 130 °C (th. 4-5) • grande poêle, feu moyen • robot, disque pour râper épais

Burgers
500 g de viande hachée de bœuf maigre
1 cuil. à café bombée de moutarde à l'ancienne
1 trait de bière ou d'ale de qualité
1 cuil. à soupe d'huile d'olive
4 petits pains complets
2 cuil. à soupe de yaourt nature 0 %

Sauce Worcestershire
1 tomate cœur-de-bœuf mûre
2 à 4 cornichons
Ketchup, en accompagnement
Sel, poivre

Salade
2 carottes
¼ de chou blanc (environ 250 g)
1 poire
1 petit oignon rouge
2 cuil. à soupe d'huile d'olive vierge extra
1 cuil. à soupe de vinaigre de vin rouge
70 g de roquette

COMMENCEZ LA PRÉPARATION

Dans un saladier, mélangez avec les mains propres la viande hachée avec du sel, du poivre, la moutarde et la bière • Divisez le mélange en 4 portions et, avec les mains humides, façonnez des burgers de 2,5 cm d'épaisseur environ, puis faites-les cuire à la poêle avec l'huile, pressez-les avec une spatule pour qu'ils soient bien en contact avec la poêle et retournez-les lorsqu'ils sont dorés

Enfournez les petits pains • Dans un petit bol, mélangez le yaourt et une bonne dose de sauce Worcestershire • Dessinez des marbrures de cette sauce sur les burgers • Émincez la tomate et les cornichons

Au robot, râpez les carottes épluchées et nettoyées, le chou, la poire et l'oignon rouge épluchés • Dans un saladier, mélangez l'huile d'olive et le vinaigre, versez-les sur les légumes râpés, assaisonnez à votre goût puis ajoutez la roquette • Sortez les pains du four, coupez-les en deux et tartinez-les de ketchup • Déposez dessus 1 rondelle de tomate et la viande, puis laissez les convives préparer les burgers à leur goût

BŒUF STROGANOFF

RIZ, OIGNONS ROUGES & PERSIL AU VINAIGRE

POUR 4 | 625 KCAL

Riz

300 g de riz complet ou basmati (cuit en 10 min)
½ bouquet de thym frais
200 g de pousses d'épinards

Légumes marinés

2 petits oignons rouges
1 poignée de cornichons
1 bouquet de persil plat frais

Bœuf Stroganoff

300 g de champignons variés
3 gousses d'ail
2 faux-filets de 200 g, dégraissés
1 cuil. à café bombée de paprika doux
1 citron
1 trait de brandy
4 cuil. à soupe bombées de yaourt nature 0 %
1 trait de lait demi-écrémé
4 cuil. à soupe d'huile d'olive

Sel, poivre

Ingrédients prêts • bouilloire prête • casserole moyenne avec couvercle, feu moyen • robot, disque à émincer fin • grande poêle, feu fort

COMMENCEZ LA PRÉPARATION

Dans la casserole moyenne, faites cuire le riz dans 2 tasses d'eau bouillante avec les feuilles de thym et une pincée de sel et de poivre, couvrez et remuez régulièrement • Épluchez les oignons puis émincez-les finement au robot avec les cornichons • Placez-les dans un bol • Émincez finement les tiges de persil et hachez grossièrement les feuilles, puis ajoutez-les dans le bol avec un peu de vinaigre des cornichons et une pincée de sel, mélangez bien

Découpez ou émincez les champignons dans la poêle et faites-les cuire avec 2 cuil. à soupe d'huile, puis ajoutez l'ail non épluché écrasé au presse-ail et les deux tiers du persil mariné en remuant régulièrement • Émincez la viande en lamelles d'environ 1 cm d'épaisseur et enrobez-les de sel, de poivre, de paprika et de zeste de citron finement râpé • Débarrassez les champignons dans une assiette, puis versez 2 cuil. à soupe d'huile dans la poêle et déposez-y la viande sans la superposer, retournez-la lorsqu'elle est dorée

Ajoutez les épinards au riz et couvrez • Versez le brandy sur la viande, faites-le flamber prudemment avec une allumette (si vous le souhaitez), laissez la flamme s'éteindre, puis remettez les champignons dans la poêle avec le yaourt et le lait, portez à ébullition • Déposez les épinards et le riz dans un joli plat de service • Répartissez dessus le bœuf Stroganoff et les légumes au vinaigre égouttés

STEAK SAISI
CREVETTES HOISIN & NOUILLES

POUR 4 | 653 KCAL

Ingrédients prêts • bouilloire prête • wok, feu fort • grande poêle, feu fort • robot, lame couteau • casserole moyenne avec couvercle, feu fort

Nouilles

2 cuil. à soupe de cacahuètes
2 cuil. à soupe de graines de sésame
½ à 1 piment rouge frais
1 morceau de gingembre de 2 cm
2 tiges de ciboule
1 bouquet de coriandre fraîche
4 nids de nouilles aux œufs
2 gousses d'ail
100 g de crevettes crues décortiquées
80 g de pousses de soja
4 cuil. à soupe de sauce hoisin
2 cuil. à soupe de sauce soja allégée en sel
2 citrons verts
1 laitue romaine
4 radis
1 botte de cresson

Bœuf

2 faux-filets de 200 g dégraissés
1 cuil. à soupe de cinq-épices chinois
250 g de pleurotes

Huile de sésame
Sel, poivre

COMMENCEZ LA PRÉPARATION

À sec dans le wok, faites dorer les cacahuètes et le sésame, réservez-les dans un petit bol et laissez le wok sur le feu • Frottez les steaks de sel, de poivre et de cinq-épices, puis faites-les revenir à la poêle dans 1 cuil. à soupe d'huile de sésame • Retournez la viande toutes les minutes jusqu'à ce qu'elle soit cuite à votre goût, ajoutez les champignons au bout de 2 min, puis placez les steaks sur une planche à découper • Au robot, hachez finement le piment, le gingembre épluché, la ciboule nettoyée et la moitié de la coriandre

Remplissez la casserole à mi-hauteur d'eau bouillante salée et ajoutez-y les nouilles, couvrez • Versez 1 cuil. à soupe d'huile de sésame dans le wok, ajoutez-y les légumes hachés et l'ail non épluché écrasé au presse-ail • Mélangez 1 min, ajoutez les crevettes et les germes de soja, mélangez encore 1 min, puis incorporez les sauces hoisin et de soja, le jus de 1 citron vert et les feuilles de coriandre restantes

Avec des pinces, égouttez les nouilles et mélangez-les au wok, en le délayant avec un peu d'eau de cuisson si nécessaire • Assaisonnez à votre goût et répartissez-les dans 4 bols • Nettoyez la laitue, détachez les feuilles et déposez-en quelques-unes dans chaque bol avec 1 radis coupé en deux • Parsemez de cresson ciselé, de cacahuètes et de sésame grillés • Découpez les steaks en lamelles de 1 cm d'épaisseur et servez-les avec les champignons croustillants et des quartiers de citron vert

CURRY DE KEFTAS DE BŒUF
RIZ, HARICOTS & PETITS POIS

POUR 4 | 706 KCAL

Ingrédients prêts • bouilloire prête • grande poêle, feu fort • cocotte moyenne avec couvercle, feu fort • mixeur

Curry

250 g de lentilles du Puy cuites
1 cuil. à café bombée de *garam masala*
400 g de viande de bœuf maigre hachée
1 cuil. à soupe d'huile d'olive
3 tomates mûres
1 morceau de gingembre de 2 cm
2 tiges de ciboule
1 piment rouge frais
1 bouquet de coriandre fraîche
1 cuil. à café de curcuma
1 cuil. à café de miel liquide
2 cuil. à café rases de pâte de curry
20 cl de lait de coco allégé
4 cuil. à soupe de yaourt nature 0 %, en accompagnement
1 citron

Riz

300 g de riz complet ou basmati (cuit en 10 min)
5 gousses de cardamome
200 g de haricots verts ou beurre
200 g de petits pois surgelés
2 *papadums* non cuits

Sel, poivre

COMMENCEZ LA PRÉPARATION

Placez les lentilles dans un saladier avec du sel, du poivre, le *garam masala* et la viande hachée, puis malaxez avec vos mains propres • Divisez la préparation en deux, puis façonnez rapidement 6 gros boudins avec vos mains humides • Faites-les frire à la poêle dans l'huile, en les retournant lorsqu'ils sont dorés

Dans la cocotte, versez le riz, 2 tasses d'eau bouillante et la cardamome, puis coupez les haricots en deux, ajoutez-les et faites cuire à couvert • Mixez les tomates avec le gingembre épluché, la ciboule nettoyée, la moitié du piment, les tiges de coriandre (sans les feuilles), le curcuma, le miel, la pâte de curry, le lait de coco • Versez cette sauce sur les keftas et portez-la à ébullition, puis laissez frémir et assaisonnez à votre goût

Ajoutez les petits pois au riz, mélangez et prolongez la cuisson quelques minutes • Émiettez les *papadums* et faites-les gonfler au micro-ondes (800 W) 1 à 2 min • Émincez finement le reste de piment et les feuilles de coriandre et parsemez-en le curry, ajoutez des cuillerées de yaourt, puis servez-le avec des quartiers de citron, les *papadums* et le riz aux haricots et aux petits pois

BŒUF SAUTÉ À L'ASIATIQUE
SALADE DE NOUILLES & SAUCE GINGEMBRE

POUR 4 | 585 KCAL

Ingrédients prêts • bouilloire prête • grande poêle, feu fort

Salade
50 g de noix cajou
1 cuil. à soupe de graines de tournesol
2 cuil. à soupe de graines de sésame
200 g de nouilles de riz fines
1 laitue romaine
1 grosse carotte
1 botte de radis
½ concombre
1 gros bouquet de coriandre fraîche
3 tiges de ciboule
1 bouquet de cresson
1 paquet de graines d'alfalfa germées

Bœuf
450 g de rumsteck dégraissé
2 cuil. à café de cinq-épices chinois
1 cuil. à soupe d'huile d'olive

Sauce
105 g de gingembre mariné
2 citrons verts
1 cuil. à soupe de nuoc-mâm
1 cuil. à soupe de sauce soja allégée en sel
1 cuil. à soupe d'huile de sésame
½ piment rouge frais

Sel, poivre

COMMENCEZ LA PRÉPARATION

Faites dorer les noix cajou, les graines de tournesol et de sésame à la poêle en les remuant régulièrement, puis réservez-les dans un bol et remettez la poêle sur feu fort • Dans un saladier, salez les nouilles et recouvrez-les d'eau bouillante • Enrobez la viande de sel, de poivre et de cinq-épices et faites-la cuire à la poêle avec l'huile d'olive en la retournant toutes les minutes jusqu'à obtention de la cuisson désirée

Dans un autre saladier, mélangez le gingembre mariné et son jus, le jus de 1 ou 2 citrons verts, le nuoc-mâm, la sauce soja et l'huile de sésame, puis ajoutez le piment finement émincé • Nettoyez la laitue et détachez les feuilles, émincez les plus grandes et disposez-les sur une grande planche • Râpez grossièrement la carotte nettoyée avec une râpe quatre faces • Coupez les radis en deux, hachez grossièrement le concombre et la moitié des feuilles de coriandre et émincez finement la ciboule nettoyée

Empilez les légumes sur la planche, parsemez-les de cresson ciselé et d'alfalfa • Rincez les nouilles, égouttez-les puis déposez-les sur la planche • Lorsque le steak est cuit, laissez-le reposer, puis émincez-le et disposez-le sur la salade, en l'arrosant de jus de cuisson • Parsemez la salade de noix cajou et de graines et servez la sauce à part, avec les quartiers de citron vert restants

STEAK GRILLÉ
RATATOUILLE & RIZ SAFRANÉ

POUR 4 | 593 KCAL

Ingrédients prêts • bouilloire prête • gril, feu fort • petite casserole avec couvercle, feu moyen • cocotte profonde avec couvercle, feu moyen

Ratatouille
1 courgette
1 petite aubergine
2 poivrons de couleurs différentes
1 oignon rouge
1 cuil. à café bombée de harissa
2 filets d'anchois
2 à 4 gousses d'ail
700 g de *passata*
1 cuil. à soupe de vinaigre balsamique
½ bouquet de basilic frais
2 cuil. à soupe de yaourt nature 0 %

Riz
300 g de riz complet ou basmati (cuit en 10 min)
1 bonne pincée de safran
½ citron

Bœuf
2 faux-filets de 250 g, dégraissés
1 cuil. à café de paprika doux
1 cuil. à café d'huile d'olive
½ bouquet de persil plat frais
1 cuil. à café de moutarde de Dijon
1 cuil. à soupe d'huile d'olive vierge extra
Le jus de ½ citron

Sel

COMMENCEZ LA PRÉPARATION

Découpez les courgettes en deux dans la longueur, émincez l'aubergine en rondelles de 1 cm d'épaisseur, et placez-les sur le gril, en les retournant lorsqu'elles commencent à noircir • Dans la petite casserole, faites cuire le riz dans 2 tasses d'eau bouillante avec le safran, le citron et une pincée de sel jusqu'à ce qu'il soit gonflé, en le remuant régulièrement • Ôtez les pépins et les queues des poivrons, hachez-les grossièrement avec l'oignon rouge épluché et faites-les revenir dans la cocotte avec la harissa, les anchois et 1 cuil. à soupe de leur huile • Ajoutez l'ail non épluché écrasé au presse-ail en remuant régulièrement

Ôtez les courgettes et l'aubergine du gril, laissez-le allumé et hachez grossièrement les légumes sur une planche • Ajoutez-les dans la cocotte avec la *passata* et le vinaigre et portez le mélange à ébullition à couvert • Enrobez les steaks de sel, de paprika et d'huile d'olive et placez-les sur le gril, en les retournant toutes les minutes jusqu'à la cuisson souhaitée

Sur une planche, émincez finement les tiges de persil et hachez grossièrement les feuilles • Mélangez-les avec la moutarde et l'huile d'olive vierge extra, salez, poivrez, ajoutez le jus de citron, mélangez et étalez la préparation sur la planche • Lorsque les steaks sont cuits, enrobez-les de cette sauce, puis émincez-les • Déchirez les feuilles de basilic dans la ratatouille, assaisonnez-la à votre goût et servez-la avec du yaourt et du riz safrané

BŒUF CHIMICHURRI
POMMES DE TERRE & SALADE CROQUANTE

POUR 4 | 613 KCAL

Pommes de terre
800 g de petites pommes de terre
1 citron
1 cuil. à café d'aneth séché

Bœuf
4 gousses d'ail
6 tiges de ciboule
2 cuil. à café d'origan séché
½ piment rouge frais
1 feuille de laurier
1 bouquet de coriandre fraîche
2 à 3 cuil. à soupe de vinaigre de vin rouge
2 faux-filets de 250 g, dégraissés
1 cuil. à soupe d'huile d'olive

Salade
2 petites sucrines
1 poignée de tomates mûres de différentes couleurs
½ bouquet de menthe fraîche
1 bouquet de cresson
150 g de petits pois crus
1 cuil. à soupe de vinaigre balsamique
Parmesan, en accompagnement

Huile d'olive vierge extra
Sel, poivre

Ingrédients prêts • bouilloire prête • casserole moyenne avec couvercle, feu fort • mixeur • grande poêle, feu fort

COMMENCEZ LA PRÉPARATION

Dans une casserole moyenne, recouvrez les pommes de terre et le citron entier d'eau bouillante salée et faites-les cuire à couvert • Épluchez l'ail et mixez-le avec la ciboule nettoyée et coupée en deux, l'origan, le piment, le laurier et la coriandre (réservez quelques feuilles) • Ajoutez-y le vinaigre et un trait d'eau bouillante, mixez jusqu'à obtention d'une sauce lisse, assaisonnez-la à votre goût et versez-la dans un bol

Salez et poivrez la viande et faites-la cuire dans l'huile d'olive dans la poêle chaude en la retournant toutes les minutes jusqu'à ce qu'elle soit à votre goût • Hachez grossièrement les sucrines, les tomates et les feuilles de menthe et disposez-les sur un plateau, puis répartissez dessus le cresson ciselé et les petits pois crus • Assaisonnez de 1 cuil. à soupe d'huile d'olive vierge extra et de vinaigre balsamique et terminez par du parmesan râpé

Égouttez les pommes de terre et le citron, placez-les dans un saladier et, avec des pinces, pressez le jus du citron sur les pommes de terre et jetez-le • Assaisonnez-les avec 1 cuil. à soupe d'huile d'olive vierge extra, du sel, du poivre et l'aneth, puis déposez-les dans un plat • Couvrez de viande et de sauce chimichurri puis parsemez-les de feuilles de coriandre et émincez la viande à table

STEAK, FOIE & BACON

BUBBLE & SQUEAK, SAUCE OIGNONS ROUGES

POUR 4 | 556 KCAL

Purée
800 g de pommes de terre
500 g de choux de Bruxelles
1 trait de lait demi-écrémé

Bœuf
300 g de filet de bœuf
200 g de foie de veau en tranches
1 cuil. à soupe de moutarde anglaise en poudre
4 tranches de poitrine fumée
Quelques brins de thym-citron frais

Sauce
2 oignons rouges
2 brins de romarin frais
1 cuil. à café bombée de farine
1 cuil. à soupe de confiture de mûres
1 cuil. à soupe de sauce Worcestershire
1 trait de bière ou d'ale légère
1 cube de bouillon de volaille

Huile d'olive
Sel, poivre

Ingrédients prêts • bouilloire prête • robot, disque à émincer épais • grande casserole avec couvercle, feu moyen • poêle moyenne, feu fort • petite cocotte, feu fort

COMMENCEZ LA PRÉPARATION

Émincez grossièrement les pommes de terre et les choux de Bruxelles au robot puis faites-les cuire dans la grande casserole avec de l'eau salée bouillante et couvrez • Enrobez la viande et le foie de sel et de moutarde en poudre • Aplatissez la viande sur 3 cm d'épaisseur et faites-le cuire à la poêle avec 1 cuil. à soupe d'huile en la retournant toutes les minutes jusqu'à ce qu'elle soit à votre goût

Épluchez et coupez les oignons en deux, émincez-les au robot et faites-les revenir dans la cocotte dans 1 cuil. à soupe d'huile avec les feuilles de romarin, en remuant régulièrement • Égouttez les pommes de terre et les choux, remettez-les dans la casserole, écrasez-les en purée avec le lait et assaisonnez-les à votre goût • Ajoutez la farine aux oignons, puis la confiture, la sauce Worcestershire, la bière, le cube de bouillon émietté et 30 cl d'eau bouillante, puis salez, poivrez et faites cuire à frémissement

Laissez reposer la viande dans une assiette, puis faites cuire la poitrine fumée à la poêle • Au moment de la retourner, ajoutez le foie et le thym et retournez-les au bout de 1 min environ • Servez la purée sur une belle planche ou dans un plat en la recouvrant de foie, de poitrine fumée croustillante et de thym • Émincez et répartissez la viande dessus, arrosez de jus de cuisson, puis servez avec la sauce à part

RIZ SAUTÉ À LA CORÉENNE
STEAK, CHAMPIGNONS & LÉGUMES MARINÉS

POUR 4 | 545 KCAL

Ingrédients prêts • grande poêle, feu moyen • gril, feu fort • robot, disque à émincer fin

Riz
500 g de riz brun cuit
Le jus de 1 citron

Steak, champignons & légumes marinés
125 g de pleurotes
1 cuil. à soupe d'huile de sésame
Sauce soja allégée en sel
Vinaigre de xérès
1 gousse d'ail
2 faux-filets de 250 g, dégraissés
1 concombre
2 tiges de ciboule
Sucre semoule
Sel

Garniture
1 petite sucrine
1 cuil. à soupe de harissa
+ en accompagnement
100 g de pousses d'épinards
1 cuil. à café d'huile d'olive
2 gros œufs
2 cuil. à soupe de graines de sésame

COMMENCEZ LA PRÉPARATION

Dans la poêle, versez le jus de citron sur le riz cuit et réchauffez-le en remuant régulièrement • Faites cuire les champignons au gril en les retournant lorsqu'ils sont grillés • Dans un saladier moyen, préparez une marinade avec l'huile de sésame, 2 cuil. à soupe de sauce soja, 1 cuil. à soupe de vinaigre et l'ail non épluché écrasé au presse-ail • Émincez la viande en tranches de 1 cm d'épaisseur

Mettez les champignons dans la marinade, puis placez les lamelles de viande sur le gril sans qu'elles se chevauchent et faites-les griller sur une face, puis ajoutez-les aux champignons dans la marinade • Au robot, émincez finement le concombre et la ciboule nettoyée et placez-les dans un saladier • Ajoutez-y une pincée de sel et de sucre, un trait de sauce soja et de vinaigre, puis mélangez le tout avec les mains propres

Émincez la salade et placez-la dans un petit bol, servez la harissa et les pousses d'épinards dans des bols distincts • Placez le riz dans un grand saladier • Versez l'huile dans la poêle, cassez-y les œufs et saupoudrez-les de graines de sésame, puis faites-les cuire 1 ½ min de chaque côté pour que les jaunes soient tendres, déposez-les sur le riz • Mélangez tous les ingrédients pour obtenir une salade géante et rectifiez l'assaisonnement avec un peu de harissa

BOULETTES SUÉDOISES
RIZ AU CÉLERI-RAVE & ÉPINARDS

POUR 4 | 576 KCAL

Riz
1 céleri-rave
Quelques brins de thym-citron frais
300 g de riz complet ou basmati (cuit en 10 min)
200 g de pousses d'épinards

Boulettes
200 g de bœuf haché maigre
200 g de porc haché maigre
½ bouquet d'aneth frais
2 cuil. à café de graines de carvi
1 trait de vodka
4 cuil. à café de confiture d'airelles
4 cuil. à soupe de crème légère
4 cuil. à soupe de yaourt nature 0 %, en accompagnement

Huile d'olive
Sel, poivre

Ingrédients prêts • bouilloire prête • cocotte avec couvercle, feu moyen • petite casserole avec couvercle, feu moyen • poêle moyenne, feu moyen

COMMENCEZ LA PRÉPARATION

Découpez délicatement la partie noueuse du céleri, épluchez-le et coupez-le en dés de 1 cm de côté • Dans la cocotte, faites-le revenir avec 1 cuil. à soupe d'huile, une pincée de sel et de poivre, les feuilles de thym et 1 louche d'eau bouillante • Couvrez et faites cuire sur feu fort en remuant régulièrement • Dans la petite casserole, faites cuire le riz dans 2 tasses d'eau bouillante et une pincée de sel, couvrez

Dans un saladier, salez et poivrez la viande hachée, incorporez-y la majorité de l'aneth finement haché puis malaxez avec vos mains propres • Séparez la viande en 4 parts que vous diviserez rapidement en 5 boulettes avec vos mains humides • Versez 1 cuil. à soupe d'huile dans la poêle chaude et faites-y dorer les boulettes et les graines de carvi sur feu fort en remuant régulièrement

Ajoutez les épinards dans la cocotte, puis le riz cuit, et assaisonnez à votre goût • Ajoutez un bon trait de vodka aux boulettes, faites flamber prudemment avec une allumette (si vous le souhaitez), laissez la flamme s'éteindre puis incorporez la confiture, la crème et quelques louches d'eau, portez à frémissement • Assaisonnez et servez ce plat avec le riz, décorez des feuilles d'aneth restantes et de yaourt

BURGERS AU SOJA NOIR
SALADE DE NOUILLES & LÉGUMES MARINÉS

POUR 4 | 558 KCAL

Ingrédients prêts • bouilloire prête • poêle moyenne, feu moyen à fort • wok, feu fort • robot, disque à émincer fin

Burgers
400 g de bœuf maigre haché
3 cuil. à soupe de sauce au soja noir
1 cuil. à soupe d'huile d'olive
1 cuil. à soupe de miel liquide
2 cuil. à soupe de graines de sésame
1 citron vert

Nouilles
1 cube de bouillon de volaille
1 morceau de gingembre de 2 cm
4 nids de nouilles aux œufs
3 cuil. à soupe de sauce au soja noir
Le jus de 1 citron vert
2 poivrons de couleurs différentes
200 g de pois mange-tout
2 *pak-choï* (choux chinois)
150 g de champignons variés

Salade
225 g de châtaignes d'eau en conserve
3 tiges de ciboule
½ piment rouge frais
Le jus de 1 citron vert
½ bouquet de coriandre fraîche
Sauce soja allégée en sel

Sel, poivre

COMMENCEZ LA PRÉPARATION

Dans un saladier, mélangez à la main la viande hachée, la moitié de la sauce au soja noir et une pincée de sel et de poivre • Divisez la préparation en 4 parts et façonnez des burgers d'environ 2 cm d'épaisseur avec vos mains humides • Faites-les cuire à la poêle dans l'huile en les retournant lorsqu'ils sont dorés • Versez 60 cl d'eau bouillante dans le wok, émiettez-y le cube de bouillon, puis ajoutez le gingembre épluché et émincé

Égouttez les châtaignes d'eau et émincez-les au robot avec la ciboule nettoyée et le piment, puis placez-les dans un saladier • Ajoutez le jus de citron vert et une pincée de sel, puis mélangez • Déchirez grossièrement les feuilles de coriandre (réservez les tiges) et ajoutez-les à la salade avec un peu de sauce soja, réservez • Faites bouillir les nouilles dans le wok pendant 2 min en les séparant, puis versez la sauce au soja noir et le jus de citron vert

Détachez les queues et les graines des poivrons, puis émincez-les au robot avec les pois, le *pak-choï* et les tiges de coriandre • Ajoutez les légumes émincés au wok avec les champignons grossièrement coupés et faites-les cuire pendant 1 min, puis versez-les dans un joli saladier • Enrobez les burgers de miel et de graines de sésame, puis présentez-les sur une planche avec des quartiers de citron vert et la salade que vous mélangerez à la dernière minute

MÉDAILLONS DE BŒUF
SAUCE AUX CHAMPIGNONS & LÉGUMES

POUR 4 | 445 KCAL

Sauce champignons
30 g de cèpes séchés
250 g de champignons variés
2 gousses d'ail
1 bonne dose de brandy
4 cuil. à soupe de crème légère
1 cuil. à café d'huile de truffe

Légumes
800 g de petites pommes de terre nouvelles
½ chou frisé de Milan (environ 400 g)
250 g de brocolis nains (bimi)
250 g de petits pois surgelés
1 cuil. à soupe d'huile d'olive vierge extra
Le jus de ½ citron

Bœuf
4 médaillons de filet de bœuf de 125 g
150 g de pleurotes

Huile d'olive
Sel, poivre

Ingrédients prêts • bouilloire prête • cocotte, feu fort • poêle moyenne, feu moyen • gril, feu fort • mixeur plongeant

COMMENCEZ LA PRÉPARATION

Dans une tasse, recouvrez les cèpes d'eau bouillante • Coupez en deux les plus grosses pommes de terre et faites-les cuire à couvert dans la cocotte avec de l'eau bouillante salée • Émincez le chou en tranches de 2,5 cm d'épaisseur et ajoutez-le aux pommes de terre, replacez le couvercle • Faites chauffer 1 cuil. à soupe d'huile d'olive dans la poêle et faites-y revenir les champignons • Ajoutez l'ail non épluché écrasé au presse-ail et les cèpes (gardez le liquide), salez, poivrez, remuez régulièrement

Enrobez la viande de sel, de poivre et de 1 cuil. à soupe d'huile d'olive, puis faites-la cuire sur le gril avec les pleurotes en la retournant toutes les minutes jusqu'à ce qu'elle soit cuite à votre goût • Découpez les extrémités des brocolis nains, puis intégrez-les dans la cocotte avec les petits pois et faites-les cuire pendant 2 min • Égouttez-les, versez l'huile d'olive vierge extra et le jus de citron, assaisonnez à votre goût

Versez le brandy sur les champignons, faites-le flamber prudemment avec une allumette (si vous le souhaitez), laissez la flamme s'éteindre puis incorporez la crème et l'huile de truffe et portez à ébullition • Rectifiez la consistance avec le jus des cèpes (jetez les impuretés), puis mixez la sauce jusqu'à obtention de la consistance souhaitée et assaisonnez • Servez la sauce avec la viande, les pleurotes et les légumes

STEAK CAJUN
HARICOTS FUMÉS & CHOU FRISÉ

POUR 4 | 614 KCAL

Légumes
2 tranches de pancetta fumée
1 gros bouquet d'herbes fraîches (laurier, thym et romarin)
1 carotte ; 4 tiges de ciboule
½ botte de radis ; 200 g de chou frisé
1 cube de bouillon de volaille

Haricots
2 boîtes de 400 g de haricots variés
350 g de *passata*
1 cuil. à café de sauce Worcestershire
1 cuil. à café de Tabasco
2 cuil. à soupe de ketchup
2 cuil. à soupe de sauce HP
1 cuil. à café de miel liquide
1 cuil. à café bombée de moutarde anglaise + en accompagnement
40 g de cheddar

Bœuf
2 faux-filets de 250 g, dégraissés
1 cuil. à café de paprika doux
1 cuil. à café de thym séché

Vinaigre pimenté
1 piment rouge frais
1 bouteille de vinaigre de vin blanc
2 feuilles de laurier (facultatif)

Huile d'olive ; sel, poivre

Ingrédients prêts • bouilloire prête • four à 240 °C (th. 8) • grande casserole avec couvercle, feu moyen à fort • poêle moyenne allant au four, feu moyen • grande poêle, feu fort

COMMENCEZ LA PRÉPARATION

Émincez la pancetta et faites-la revenir dans 1 cuil. à soupe d'huile dans la casserole, puis prélevez les feuilles des herbes • Nettoyez et émincez finement la carotte et ajoutez-la dans la casserole avec les herbes, la ciboule et les radis nettoyés en remuant régulièrement • Égouttez et rincez les haricots et faites-les revenir dans la poêle moyenne avec 2 cuil. à soupe d'huile jusqu'à ce qu'ils soient croquants

Émincez le chou (si nécessaire), ajoutez-le dans la casserole avec le cube de bouillon émietté et recouvrez le tout de 30 cl d'eau bouillante, puis faites cuire à couvert • Incorporez aux haricots les ingrédients restants (à l'exception du fromage) et portez-les à ébullition • Râpez dessus le cheddar puis enfournez jusqu'à ce que les haricots soient dorés et bien chauds

Enrobez la viande de sel, de poivre, de paprika et de thym • Faites-la cuire dans une grande poêle très chaude avec 1 cuil. à soupe d'huile en la retournant toutes les minutes jusqu'à ce qu'elle soit à votre goût • Émincez le piment et insérez-le dans la bouteille de vinaigre avec du laurier si vous en avez (il se conservera pendant des mois), puis versez-en un trait sur les légumes avant de servir • Émincez la viande sur une planche à table et servez-la avec les haricots, les légumes et un soupçon de moutarde

Colman's

PORC

JAMBON DE PARME CROUSTILLANT
COURGETTES À LA MENTHE & RIZ COMPLET

POUR 4 | 582 KCAL

Porc
400 g de filet mignon
40 g de feta
4 tranches de jambon de Parme
8 feuilles de sauge fraîche
Vinaigre balsamique

Courgettes
6 courgettes moyennes de différentes couleurs
5 gousses d'ail
1 piment rouge frais
½ bouquet de menthe fraîche

En accompagnement
2 cuil. à café de pâte de tomates séchées
Le jus de 1 citron vert
500 g de riz complet cuit
4 cuil. à soupe de yaourt nature 0 %

Huile d'olive
Sel, poivre noir

Ingrédients prêts • grande poêle, feu moyen • robot, disque à émincer fin • grande cocotte, feu moyen

COMMENCEZ LA PRÉPARATION

Découpez le porc en 8 médaillons de taille égale et entaillez-les au centre • Taillez la feta en huit et farcissez-en la viande, puis saupoudrez-la d'un peu de poivre noir et bardez chaque morceau avec ½ tranche de jambon de Parme • Aplatissez-la avec le poing, puis faites-la dorer à la poêle, jambon vers le bas, dans 1 cuil. à soupe d'huile jusqu'à ce que la viande soit bien cuite

Émincez finement les courgettes au robot et faites-les revenir avec 2 cuil. à soupe d'huile dans la cocotte • Ajoutez-y l'ail non épluché écrasé au presse-ail et prolongez la cuisson sur feu fort • Émincez finement le piment et la majorité des feuilles de menthe et ajoutez-les, salez et poivrez, puis mélangez régulièrement jusqu'à ce que les légumes soient fondants

Mettez les feuilles de sauge dans la poêle et faites-les cuire pendant 30 s pour qu'elles soient croustillantes • Déposez les courgettes dans un plat de service et recouvrez-les des médaillons et de la sauge • Placez la poêle sur feu fort, versez-y 1 louche d'eau, la pâte de tomates séchées et le jus de citron, puis ajoutez le riz et réchauffez 1 min • Servez le riz avec quelques cuillerées de yaourt, versez un trait de vinaigre balsamique sur la viande, puis parsemez le plat des feuilles de menthe restantes

FILET MIGNON GLACÉ

RIZ CAJUN AUX POIVRONS & SAUCE BBQ

POUR 4 | 611 KCAL

Ingrédients prêts • gril, feu moyen à fort • grande poêle, feu moyen • grande cocotte, feu fort

Porc

600 g de filet mignon
1 cuil. à café bombée de piment de la Jamaïque

Riz

1 oignon rouge
1 branche de céleri
175 g de gombos
2 poivrons de couleurs différentes
1 cuil. à café de paprika doux fumé
1 pincée de graines de cumin
1 cuil. à café de graines de fenouil
500 g de riz complet cuit
Le jus de 1 citron
½ bouquet de basilic frais
4 cuil. à soupe de yaourt nature 0 %
Légumes marinés

Sauce BBQ

2 gousses d'ail
2 cuil. à soupe de sauce Worcestershire
4 cuil. à soupe bombées de ketchup
2 cuil. à soupe de sauce HP
1 cuil. à soupe de miel liquide
1 cuil. à soupe de sauce soja allégée en sel
1 cuil. à café de Tabasco
3 cuil. à soupe de jus de pomme
Huile d'olive ; sel, poivre

COMMENCEZ LA PRÉPARATION

Incisez la viande à mi-hauteur en son centre, ouvrez-la et aplatissez-la légèrement avec le poing • Enrobez-la de sel, de poivre et de piment de la Jamaïque, puis faites-la cuire à la poêle dans 1 cuil. à soupe d'huile en la retournant dès qu'une croûte bien dorée se forme (au bout de 4 min environ) • Hachez grossièrement l'oignon épluché, le céleri nettoyé, les gombos et les poivrons épépinés et mettez-les dans la cocotte au fur et à mesure, puis faites-les revenir dans 1 cuil. à soupe d'huile • Ajoutez les épices et 1 tasse d'eau et remuez régulièrement

Dans un bol, écrasez l'ail non épluché au presse-ail, ajoutez tous les ingrédients de la sauce et une pincée de sel, puis mélangez bien • Lorsque le porc affiche une jolie croûte sur toutes les faces, transférez-le sur un plat de service • Badigeonnez-le d'une grande partie de la sauce et faites cuire la viande à cœur sous le gril • Versez le reste de sauce dans un petit bol en accompagnement

Ajoutez le riz dans la cocotte des légumes, ainsi que le jus de citron et les feuilles de basilic grossièrement hachées, puis assaisonnez à votre goût • Émincez la viande à table et servez-la avec la sauce et des ramequins de légumes marinés (concombres, chou-fleur, chou rouge et autres *pickles*) • Versez quelques cuillerées de yaourt sur le riz avant de servir

LES MEILLEURS TACOS AU PORC
HARICOTS NOIRS ÉPICÉS & SALADE À L'AVOCAT

POUR 4 | 582 KCAL

Ingrédients prêts • grande poêle, feu moyen à fort • poêle moyenne, feu moyen

Porc
350 g de poitrine de porc découennée
1 cuil. à café bombée de graines de fenouil
1 cuil. à café bombée de paprika doux fumé

Haricots
1 bonne pincée de graines de cumin
1 cuil. à soupe d'huile d'olive
3 tiges de ciboule
2 gousses d'ail
400 g de haricots noirs en conserve

Salade
1 piment rouge ou vert frais
2 petites sucrines
½ bouquet de coriandre fraîche
1 avocat mûr
1 grosse tomate mûre
1 pomme
Sauce soja allégée en sel
1 cuil. à soupe d'huile d'olive vierge extra
Le jus de 1 citron vert

En accompagnement
Sauce chili
4 cuil. à soupe de yaourt nature 0 %
8 tortillas de maïs
Sel, poivre

COMMENCEZ LA PRÉPARATION

Découpez la viande en dés de 1 cm et faites-la revenir en remuant régulièrement dans la grande poêle avec les graines de fenouil, le paprika, du sel et du poivre • Dans la poêle moyenne, faites griller les graines de cumin dans l'huile d'olive • Ajoutez-y la ciboule nettoyée et émincée, l'ail non épluché écrasé au presse-ail, puis les haricots et leur jus, et faites cuire à frémissement

Émincez finement le piment, la laitue et la majorité des feuilles de coriandre, puis coupez en deux, dénoyautez, épluchez et hachez l'avocat ainsi que la tomate • Mélangez-les et disposez-les dans un plat et ajoutez la pomme grossièrement râpée ou découpée en allumettes • Dans un petit bol, dessinez des marbrures de sauce pimentée dans le yaourt

Mélangez, écrasez et assaisonnez les haricots à votre goût • Assaisonnez la salade avec un peu de sauce soja, l'huile d'olive vierge extra et le jus de citron vert, puis mélangez le tout • Jetez la matière grasse contenue dans la poêle de la viande, puis servez l'ensemble sans attendre, avec une pile de tortillas et tous les autres éléments, parsemés des feuilles de coriandre restantes

MÉDAILLONS DE PORC
SAUCE HONGROISE POIVRONS & RIZ

POUR 4 | 685 KCAL

Ingrédients prêts • bouilloire prête • robot, disque à émincer fin • grande cocotte, feu moyen • casserole moyenne avec couvercle, feu moyen • gril, feu fort

Sauce
2 poivrons de couleurs différentes
1 oignon rouge
1 carotte
1 bulbe de fenouil
1 pomme
2 cuil. à café de paprika doux fumé + en accompagnement
4 à 5 feuilles de laurier frais
4 gousses d'ail
2 cuil. à soupe de vinaigre balsamique
700 g de *passata*

Porc
500 g de filet mignon de porc
1 cuil. à café de coriandre moulue

En accompagnement
300 g de riz basmati ou complet (cuit en 10 min)
70 g de roquette
Le jus de 1 citron
4 cuil. à soupe de yaourt nature 0 %

Huile d'olive
Sel, poivre

COMMENCEZ LA PRÉPARATION

Épépinez les poivrons, épluchez et coupez l'oignon en deux, nettoyez la carotte, nettoyez et découpez le fenouil en quartiers (gardez les parties feuillues), puis émincez-le tout au robot avec la pomme pelée • Dans la cocotte, faites revenir les légumes émincés dans 2 cuil. à soupe d'huile en remuant régulièrement, puis ajoutez le paprika, les feuilles de laurier, l'ail non épluché écrasé au presse-ail, salez et poivrez

Dans la casserole moyenne, faites cuire le riz dans 2 tasses d'eau bouillante avec une bonne pincée de sel à couvert et remuez de temps en temps • Découpez la viande en 8 médaillons, aplatissez-les légèrement avec le poing, puis enrobez-les de sel, de poivre, de coriandre moulue et de 1 cuil. à soupe d'huile, puis faites-les griller jusqu'à ce qu'ils soient bien cuits, en les retournant lorsqu'ils commencent à afficher une jolie coloration

Incorporez le vinaigre balsamique et la *passata* aux légumes, assaisonnez-les à votre goût et portez la sauce à ébullition • Saupoudrez le riz d'un peu de paprika • Assaisonnez la roquette dans son sachet avec le jus de citron et une petite pincée de sel, puis incorporez-en une grande partie dans la sauce • Versez la sauce dans un plat, déposez-y le porc grillé et complétez avec la roquette restante • Déposez des cuillerées de yaourt sur le plat, parsemez-le de feuilles de fenouil et servez-le avec le riz

PORC À LA JAMAÏCAINE

MAÏS GRILLÉ & SALADE DE TORTILLAS CROUSTILLANTES

POUR 4 | 641 KCAL

Salade
4 épis de maïs ; 8 petites tortillas
1 laitue romaine ; 2 bottes de cresson
1 poignée de tomates cerise mûres de différentes couleurs
1 avocat mûr
Le jus de 1 citron vert
1 cuil. à soupe d'huile d'olive vierge extra

Porc à la jamaïcaine
500 g de filet mignon de porc
1 cuil. à café de coriandre moulue
1 cuil. à soupe d'huile d'olive
4 tiges de ciboule
1 bouquet de coriandre fraîche
2 gousses d'ail
1 morceau de gingembre de 2 cm
1 cuil. à soupe de miel liquide
½ piment scotch bonnet (ou plus doux si vous préférez)
2 feuilles de laurier frais
1 cuil. à café de piment de la Jamaïque
1 cuil. à soupe de sauce soja allégée en sel
2 cuil. à soupe de vinaigre de vin rouge
6 tomates moyennes mûres

En accompagnement
4 cuil. à soupe de yaourt nature 0 %
Sel, poivre

Ingrédients prêts • four à 180 °C (th. 6) • gril, feu fort • grande poêle, feu fort • mixeur

COMMENCEZ LA PRÉPARATION

Faites griller les épis de maïs en les retournant lorsqu'ils noircissent • Disposez les tortillas en cercle dans un grand saladier allant au four et enfournez-les 6 min pour les rendre croustillantes • Découpez le porc en 8 médaillons, aplatissez-les légèrement avec le poing puis enrobez-les de sel, de poivre et de coriandre et faites-les cuire à la poêle avec l'huile d'olive en les retournant régulièrement jusqu'à ce qu'ils soient dorés et bien cuits

Mixez la ciboule nettoyée, la majorité de la coriandre, l'ail et le gingembre pelés et les ingrédients restants avec un peu d'eau pour obtenir une sauce homogène • Ôtez la viande de la poêle, versez-y la sauce jamaïcaine et portez-la à ébullition, puis faites-la cuire avec la viande à frémissement • Nettoyez la laitue et détachez les feuilles, puis disposez-les dans le saladier de tortillas • Tenez fermement les épis de maïs et détachez-en les grains dans le saladier

Dans le saladier, ajoutez le cresson émincé, les tomates cerise grossièrement hachées et mondées, l'avocat coupé en dés et mélangez délicatement • Assaisonnez-les de jus de citron vert, d'huile d'olive vierge extra et d'une pincée de sel et de poivre • Servez la viande et la sauce parsemées de feuilles de coriandre avec des cuillerées de yaourt et accompagnez-les de salade (elle sera délicieuse avec un peu de sauce piquante)

PORC AU MARSALA
RIZ AUX CÈPES & CHOU FRISÉ

POUR 4 | 574 KCAL

Riz

300 g de riz complet ou basmati (cuit en 10 min)
1 grosse pincée de cèpes séchés
½ citron
Quelques brins de thym-citron frais

Porc

500 g de filet mignon de porc
1 cuil. à café bombée de coriandre moulue
1 cuil. à café bombée de paprika fumé
1 cuil. à soupe d'huile d'olive
1 petit oignon rouge
Quelques brins de sauge fraîche
1 trait de marsala
7 cl de crème légère + en accompagnement

Légumes

1 petit chou frisé de Milan
1 cube de bouillon de volaille
100 g de blettes ou autre variété de chou foncé
½ citron
1 cuil. à soupe d'huile d'olive vierge extra

Sel, poivre

Ingrédients prêts • bouilloire prête • cocotte moyenne avec couvercle, feu moyen • grande poêle, feu fort • casserole moyenne avec couvercle, feu moyen

COMMENCEZ LA PRÉPARATION

Dans la cocotte, faites cuire le riz dans 2 tasses d'eau bouillante, ajoutez-y les cèpes grossièrement déchirés, une pincée de sel, le citron et le thym-citron puis couvrez • Remplissez de nouveau la bouilloire et portez l'eau à ébullition • Marquez la viande à mi-hauteur en son centre dans le sens de la longueur, ouvrez-la, puis aplatissez-la légèrement avec le poing • Enrobez-la de sel, de poivre, de coriandre moulue et de paprika, puis faites-la dorer à la poêle avec l'huile d'olive, en la retournant régulièrement jusqu'à ce qu'elle soit dorée et bien cuite

Cassez et découpez les feuilles externes du chou, puis roulez-les en cigares et émincez-les finement • Découpez l'intérieur du chou en quartiers, mettez-les dans la casserole à couvercle moyenne, ajoutez le cube de bouillon émietté et recouvrez le chou d'eau bouillante • Hachez finement l'oignon rouge épluché, prélevez les feuilles de sauge et ajoutez-les à la viande • Incorporez les blettes dans la casserole de chou et couvrez • Quand la viande est cuite à cœur, versez dessus un bon trait de marsala, faites flamber délicatement avec une allumette (si vous le souhaitez) et laissez la flamme s'éteindre

Déposez la viande sur une planche, puis versez la crème dans la poêle avec 1 ou 2 louches d'eau de cuisson des légumes, portez à ébullition et laissez réduire la sauce jusqu'à ce qu'elle ait une belle consistance • Assaisonnez les légumes de jus de citron et d'huile d'olive vierge extra, mélangez bien • Aérez le riz, tranchez la viande en lamelles de 1 cm d'épaisseur, recouvrez-les de sauce et servez-les avec les légumes • Versez 1 cuil. à café de crème supplémentaire sur la viande si vous le souhaitez

AGNEAU

CÔTELETTES D'AGNEAU
SAUCE CURRY, RIZ & PETITS POIS

POUR 4 | 632 KCAL

Riz & petits pois
300 g de riz complet ou basmati (cuit en 10 min)
8 clous de girofle
40 g de lentilles corail séchées
300 g de petits pois à écosser crus

Agneau
8 grosses côtelettes d'agneau avec l'os, dégraissées
1 cuil. à soupe de *garam masala*
1 cuil. à soupe d'huile d'olive
4 tiges de ciboule
1 piment rouge frais
1 morceau de gingembre de 2 cm
4 poivrons rouges en conserve
1 cuil. à soupe de miel liquide
Vinaigre balsamique
3 brins de coriandre fraîche

Sauce curry
2 cuil. à soupe de pâte *korma*
40 cl de lait de coco allégé
Le jus de ½ citron
Sel, poivre

En accompagnement
2 *papadums* crus
1 citron
Yaourt nature 0 %

Ingrédients prêts • bouilloire prête • casserole moyenne avec couvercle, feu fort • 2 grandes poêles antiadhésives, feu moyen à fort

COMMENCEZ LA PRÉPARATION

Dans la casserole moyenne, versez le riz, 2 tasses d'eau bouillante, une pincée de sel et les clous de girofle, puis faites cuire à couvert en remuant régulièrement • Enrobez l'agneau de sel, de poivre et de *garam masala*, écrasez-le avec le poing, puis faites-le cuire dans l'une des poêles chaudes avec 1 cuil. à soupe d'huile, en le retournant lorsqu'il est bien doré

Dans l'autre poêle, mélangez la pâte *korma* et le lait de coco avec le jus de citron et portez-les à ébullition puis laissez-les frémir pendant 5 min, avant d'éteindre le feu • Incorporez les lentilles au riz • Nettoyez et émincez la ciboule, le piment, le gingembre épluché et les poivrons, puis ajoutez-les à la viande • Intégrez les petits pois au riz et aux lentilles

Versez la moitié de la sauce curry dans un bol (gardez le reste au réfrigérateur pour plus tard) • Cassez les *papadums* crus et faites-les gonfler pendant 1 ou 2 min au micro-ondes (800 W) • À la dernière minute, enrobez l'agneau de miel et d'un trait de vinaigre balsamique • Servez la viande parsemée de feuilles de coriandre et de *papadum* et accompagnez-la de riz et de petits pois, du yaourt et de quartiers de citron

BOULETTES D'AGNEAU
SALADE ÉMINCÉE & YAOURT À LA HARISSA

POUR 4 | 687 KCAL

Boulettes
400 g de viande d'agneau maigre hachée
1 cuil. à café bombée de *garam masala*
1 pincée de safran
½ à 1 piment rouge frais
2 tiges de ciboule
½ bouquet de coriandre fraîche
2 gousses d'ail
400 g de pois chiches en conserve
350 g de *passata*

Salade
½ concombre
2 petites sucrines
1 botte de radis
2 tomates mûres
1 cuil. à soupe d'huile d'olive vierge extra
Le jus de 1 citron

Huile d'olive
Sel, poivre

En accompagnement
1 cuil. à café bombée de harissa
4 cuil. à soupe bombées de yaourt nature 0 %
8 petites tortillas de blé complet
1 orange

Ingrédients prêts • bouilloire prête • grande poêle, feu moyen • grande casserole avec couvercle, feu moyen à fort

COMMENCEZ LA PRÉPARATION

Dans un saladier, malaxez la viande avec du sel, du poivre et le *garam masala* • Séparez-la en 4 parts et, avec vos mains humides, façonnez chaque portion en 4 boulettes, déposez-les au fur et à mesure dans une poêle avec 1 cuil. à soupe d'huile d'olive • Remuez-les régulièrement jusqu'à ce qu'elles soient bien dorées • Placez le safran dans une tasse et recouvrez-le d'eau bouillante puis laissez infuser

Émincez finement le piment, la ciboule nettoyée et les tiges de coriandre (gardez les feuilles), puis faites-les frire dans la grande casserole avec 1 cuil. à soupe d'huile d'olive et l'ail non épluché écrasé au presse-ail • Faites revenir le tout pendant 40 s, puis ajoutez le safran et son eau, les pois chiches égouttés et la *passata*, couvrez et portez le tout à ébullition • Dans un petit plat, dessinez une spirale de harissa dans le yaourt

Hachez grossièrement et mélangez tous les légumes de la salade sur une planche • Assaisonnez-la d'huile d'olive vierge extra et de jus de citron, puis salez et poivrez-la • Détendez la sauce avec un peu d'eau si nécessaire, puis versez-la dans la poêle contenant les boulettes et assaisonnez-les à votre goût • Réchauffez les tortillas au micro-ondes (800 W) pendant 45 s. Servez le tout avec des quartiers d'orange et décorez de feuilles de coriandre

HARISSA
LE PHARE
DU
CAP BON

CÔTELETTES CRÉPITANTES
LASAGNETTES AUX TOMATES & ASPERGES

POUR 4 | 650 KCAL

Agneau
8 côtelettes d'agneau, dégraissées
Quelques brins de romarin frais
1 cuil. à soupe de miel liquide
2 cuil. à soupe de vinaigre balsamique + en accompagnement

Lasagnettes
4 tiges de ciboule
600 g d'asperges
1 piment rouge frais
300 g de tomates cerise mûres
1 bouquet de menthe fraîche
1 petite tête d'ail
300 g de feuilles de lasagnes fraîches
30 g de parmesan

Huile d'olive
Sel, poivre

Ingrédients prêts • bouilloire prête • grande poêle, feu fort • grande cocotte, feu moyen

COMMENCEZ LA PRÉPARATION

Assaisonnez les côtelettes avec une pincée de sel et faites-les cuire à la poêle avec 1 cuil. à soupe d'huile en les retournant régulièrement jusqu'à ce qu'elles soient dorées (8 min environ) • Nettoyez et émincez finement la ciboule, les asperges (gardez les pointes entières) et le piment et coupez en deux les tomates cerise • Faites cuire les légumes dans la cocotte avec 2 cuil. à soupe d'huile

Hachez grossièrement la majorité des feuilles de menthe et incorporez-les aux légumes avec une pincée de sel et de poivre ainsi que 3 gousses d'ail non épluchées écrasées au presse-ail • Écrasez les gousses d'ail non pelées restantes et ajoutez-les à l'agneau avec les feuilles de romarin • Découpez les feuilles de lasagnes en bandes de 2 cm d'épaisseur et répartissez-les sur les légumes puis couvrez-les de 50 cl d'eau bouillante et mélangez le tout

Prolongez la cuisson de l'agneau sur feu doux et nappez la viande de miel et de vinaigre balsamique, puis laissez-la reposer dans une assiette • Râpez finement le parmesan sur les lasagnettes et éteignez le feu • Servez-les en accompagnement de la viande, avec une touche de vinaigre balsamique et la menthe restante

KEFTAS D'AGNEAU
PITA & SALADE GRECQUE

POUR 4 | 587 KCAL

Keftas
400 g de viande d'agneau maigre hachée
1 cuil. à café de *garam masala*
1 cuil. à soupe d'huile d'olive
25 g de pistaches décortiquées
Quelques brins de thym frais
1 cuil. à soupe de miel liquide

Couscous
½ bouquet de menthe fraîche
1 piment rouge frais
150 g de couscous

Salade
½ laitue iceberg
½ oignon rouge
½ concombre
5 tomates cerise mûres
4 olives noires
4 cuil. à soupe bombées de yaourt nature 0 %
2 citrons
40 g de feta
Sel, poivre

En accompagnement
4 pitas

Ingrédients prêts • bouilloire prête • grande poêle, feu fort • robot, lame couteau

COMMENCEZ LA PRÉPARATION

Dans un saladier, malaxez la viande hachée avec du sel, du poivre et le *garam masala* • Avec vos mains humides, façonnez 8 petits boudins de la taille d'un doigt • Faites-les cuire à la poêle avec l'huile et retournez-les lorsqu'ils sont bien dorés de tous les côtés • Découpez une grande partie des feuilles de menthe et mixez-les finement au robot avec une pincée de sel et de poivre et le piment • Ôtez la lame, versez le couscous et 1 tasse d'eau bouillante, couvrez et laissez reposer dans le robot

Découpez la salade en quartiers et disposez-la sur une jolie planche ou un plat • Épluchez et râpez grossièrement l'oignon et le concombre dans un saladier, salez-les bien, puis pressez-en l'excédent d'eau et ajoutez-les à la salade • Incorporez les tomates hachées, puis les olives dénoyautées et découpées • Dans un bol, mélangez le yaourt avec le jus de 1 citron, assaisonnez à votre goût puis versez cette sauce sur la laitue et émiettez par-dessus la feta

Concassez les pistaches dans un mortier • Égouttez les keftas, puis ajoutez-y les pistaches, les feuilles de thym et le miel, éteignez le feu • Réchauffez les pitas au micro-ondes (800 W) pendant 45 s, puis coupez-les en deux et placez-les sur la planche avec les keftas • Aérez le couscous, décorez-le avec les feuilles de menthe restantes et servez avec des quartiers de citron

TAJINE D'AGNEAU EXPRESS

AUBERGINES POÊLÉES & CRUMBLE DE CUMIN

POUR 4 | 523 KCAL

Agneau & aubergines
2 petites aubergines
300 g de collier d'agneau
1 cuil. à café bombée de *garam masala*
Quelques brins de coriandre fraîche

Couscous
300 g de couscous

Crumble de cumin
1 cuil. à soupe bombée de pistaches décortiquées
1 cuil. à soupe bombée de graines de sésame
1 cuil. à soupe de graines de cumin

Légumes
1 bonne pincée de safran
650 g de tomates mûres de couleurs différentes
1 citron confit
4 tiges de ciboule
½ à 1 piment rouge frais
Huile d'olive
Sel, poivre

En accompagnement
4 cuil. à soupe de yaourt nature 0 %

Ingrédients prêts • bouilloire prête • grande poêle, feu fort • poêle moyenne, feu moyen

COMMENCEZ LA PRÉPARATION

Faites cuire les aubergines entières au micro-ondes (800 W) pendant 7 min • Dans un saladier, versez le couscous et 2 tasses d'eau bouillante et couvrez • Découpez l'agneau en 8 morceaux et aplatissez-les avec votre poing, puis enrobez-les de sel, de poivre et de *garam masala* • Dans une grande poêle, faites-les cuire avec 1 cuil. à soupe d'huile en les retournant lorsqu'ils sont dorés • Dans la poêle moyenne, faites griller le mélange au cumin jusqu'à ce qu'il soit doré, puis écrasez-le dans un mortier • Remettez-le dans la poêle vide sur feu doux

Placez délicatement les aubergines sur une planche puis coupez-les en deux dans la longueur et ajoutez-les à l'agneau, peau vers le bas, en plaçant l'agneau au bord de la poêle • Faites infuser le safran dans 1 tasse remplie d'eau bouillante à mi-hauteur • Découpez grossièrement les tomates, émincez finement le citron confit, nettoyez et émincez la ciboule et le piment puis ajoutez-les dans la poêle moyenne avec 2 cuil. à soupe d'huile, le safran et son eau • Portez à ébullition sur feu fort, puis assaisonnez à votre goût

Aérez le couscous puis servez-le sur une grande planche ou un plateau • Retournez les aubergines pour qu'elles absorbent les jus de la poêle, puis disposez-les sur le couscous avec les tomates et arrosez-les de jus de cuisson • Terminez par l'agneau, puis saupoudrez le plat de crumble de cumin et de feuilles de coriandre • Servez avec le yaourt

AGNEAU À LA MOUTARDE

PURÉE IRLANDAISE & SALADE CRESSON-POMME

POUR 4 | 538 KCAL

Purée
3 poireaux
800 g de pommes de terre
lait demi-écrémé
1 noix muscade, à râper
1 noix de beurre doux (facultatif)

Agneau
400 g de collier d'agneau
2 cuil. à café de moutarde anglaise en poudre
1 cuil. à soupe bombée de farine T 55
25 cl de cidre de qualité
1 cuil. à café bombée de sauce à la menthe

Salade
1 cœur de céleri-branche
1 pomme
100 g de cresson
1 bouquet de menthe fraîche
1 cuil. à soupe de vinaigre de cidre

Huile de colza
Sel, poivre

Ingrédients prêts • bouilloire prête • robot, disque à émincer fin et disque à râper épais • casserole moyenne avec couvercle, feu fort • grande poêle, feu fort

COMMENCEZ LA PRÉPARATION

Coupez les poireaux en deux dans la longueur, rincez-les à l'eau du robinet puis émincez-les avec les pommes de terre en rondelles épaisses au robot, placez-les dans la casserole moyenne avec une pincée de sel, couvrez d'eau bouillante et faites bouillir à couvert jusqu'à ce qu'ils soient tendres puis égouttez-les ; surveillez la cuisson • Découpez chaque morceau d'agneau dans la longueur à mi-hauteur au niveau du centre et ouvrez-les • Saupoudrez-les de sel, de poivre et de moutarde en poudre, puis faites-les cuire à la poêle avec 1 cuil. à soupe d'huile en les retournant lorsqu'ils sont dorés

Placez le disque à râper dans votre robot, réservez toutes les feuilles jaunes de céleri, puis râpez grossièrement les branches et la pomme • Placez-les dans une assiette avec le cresson • Hachez grossièrement les feuilles de menthe et ajoutez-les à la salade • Assaisonnez-la de vinaigre de cidre et de 1 cuil. à soupe d'huile, salez et poivrez à votre goût et mélangez bien

Écrasez les pommes de terre et les poireaux égouttés en purée, assaisonnez-les à votre convenance puis assouplissez la purée à votre goût avec un peu de lait, ajoutez-y un peu de noix muscade râpée et du beurre (si vous le souhaitez), puis servez-la dans un grand plat • Placez l'agneau dans une assiette, mélangez la farine et les sucs de cuisson dans la poêle, puis versez-y le cidre • Versez le jus de cuisson de l'agneau puis la sauce à la menthe et portez à ébullition • Émincez l'agneau et accompagnez-le de purée et de sauce, décorez avec les feuilles de céleri et servez avec la salade

PIZZAS TURQUES
SALADE DE LÉGUMES, FETA & HERBES

POUR 4 | 525 KCAL

Ingrédients prêts • four à 240 °C (th. 8) • grande poêle, feu fort • robot, disque à émincer fin

Pizzas

250 g de viande d'agneau maigre hachée
1 cuil. à café de graines de cumin
1 cuil. à café de paprika doux fumé
50 g de noix décortiquées
2 brins de romarin frais
2 gousses d'ail
2 cuil. à soupe de purée de tomates
Le jus de 1 citron
4 grandes tortillas de blé
1 cuil. à soupe d'huile d'olive

Salade

4 tiges de ciboule ; 1 poivron vert
¼ de concombre ; 3 tomates mûres
1 petite sucrine
½ bouquet de coriandre fraîche
½ bouquet d'aneth frais
1 cuil. à soupe d'huile d'olive vierge extra
1 cuil. à soupe de vinaigre de vin rouge
30 g de feta
Sel, poivre

En accompagnement

4 cuil. à café bombées de houmous allégé
sauce chili et piments marinés (facultatifs)

COMMENCEZ LA PRÉPARATION

Versez 1 cuil. à soupe d'huile d'olive dans la poêle et faites-y revenir la viande hachée, avec du sel, du poivre, les graines de cumin et le paprika • Ajoutez-y les noix concassées, les feuilles de romarin et écrasez tous les gros morceaux de viande avec une cuillère en bois en mélangeant régulièrement jusqu'à ce qu'elle soit dorée • Nettoyez la ciboule, retirez la queue et les pépins du poivron puis émincez au robot tous les légumes de la salade et les herbes et disposez-les sur un plat de service

Écrasez l'ail non épluché au presse-ail et ajoutez-le à la poêle contenant l'agneau • Incorporez-y la purée de tomates et le jus de citron puis ôtez la poêle du feu • Répartissez les tortillas sur deux grandes plaques de four et tartinez-les de préparation à l'agneau avec le dos d'une cuillère • Enfournez-les pour 5 min jusqu'à ce qu'elles soient croustillantes

Arrosez la salade d'huile d'olive vierge extra et de vinaigre, mélangez-la puis assaisonnez-la à votre goût et émiettez par-dessus la feta • Garnissez les tortillas d'une bonne quantité de salade et servez-les avec du houmous et de la sauce pimentée ou des piments marinés si vous le souhaitez

POISSON

BAR À L'ASIATIQUE
RIZ GLUANT & LÉGUMES VERTS

POUR 4 | 629 KCAL

Ingrédients prêts • bouilloire prête • casserole moyenne avec couvercle, feu moyen • grand plat à four à bords hauts • cocotte, feu moyen • robot, lame couteau

Poisson

4 petits bars ou brèmes (environ 300 g chacun), vidés et écaillés
1 morceau de gingembre de 2 cm
2 gousses d'ail
1 bâton de citronnelle
1 bouquet de coriandre fraîche
1 piment rouge frais
2 tiges de ciboule
3 cuil. à soupe de sauce soja allégée en sel + en accompagnement
1 cuil. à soupe de nuoc-mâm
Le jus de 2 citrons verts

Riz

40 cl de lait de coco allégé en conserve
300 g de riz basmati

Légumes

300 g d'asperges
2 *pak-choï* (choux chinois)
200 g de pois mange-tout
Le jus de 1 citron vert

Huile de sésame
Sel

COMMENCEZ LA PRÉPARATION

Entaillez les poissons à cinq endroits de chaque côté jusqu'aux arêtes, puis assaisonnez-les et disposez-les côte à côte dans un plat à bords hauts • Versez 40 cl d'eau bouillante, couvrez-les étroitement avec une double couche de papier d'aluminium et faites-les cuire à la vapeur sur feu moyen à fort • Dans la casserole moyenne, versez le lait de coco, le riz et 40 cl d • eau bouillante • Ajoutez une pincée de sel, mélangez bien, couvrez et faites cuire pendant 10 min environ en remuant régulièrement, puis éteignez le feu • Versez de l'eau bouillante dans la cocotte

Épluchez le gingembre, l'ail et la citronnelle et hachez-les grossièrement avant de les mettre dans le robot • Ajoutez-y les tiges de coriandre (gardez les feuilles), le piment, la ciboule nettoyée, les sauces soja et nuoc-mâm, 1 cuil. à café d'huile de sésame et le jus de citron et mixez finement, puis versez cette sauce dans un bol

Nettoyez les asperges, coupez les *pak-choï* en deux et faites-les cuire dans l'eau bouillante de la cocotte avec les pois mange-tout pendant 2 min • Égouttez les légumes et incorporez 1 cuil. à soupe d'huile et le jus de citron vert, puis assaisonnez de sauce soja à votre goût et servez-les avec le riz aéré • Découvrez le poisson, incorporez un peu de jus de cuisson à la sauce, puis recouvrez-en le poisson et parsemez-le de coriandre ciselée

CREVETTES CAJUN GRILLÉES
PURÉE DE PATATES DOUCES & LÉGUMES

POUR 4 | 396 KCAL

Purée
800 g de patates douces
40 g de cheddar

Crevettes
16 grosses crevettes entières
3 gousses d'ail
1 cuil. à soupe bombée d'épices cajun
½ bouquet de thym frais
1 citron

Légumes
1 poivron vert
1 poivron rouge
2 branches de céleri
5 tiges de ciboule
½ piment rouge frais
1 grosse poignée de maïs doux surgelé
1 cuil. à café de paprika doux fumé

Huile d'olive
Sel, poivre

Ingrédients prêts • bouilloire prête • gril du four fort • robot, disque à émincer épais • grande casserole avec couvercle, feu fort • grande poêle, feu moyen

COMMENCEZ LA PRÉPARATION

Lavez les patates douces et émincez-les au robot • Placez-les dans la casserole avec une pincée de sel, couvrez-les d'eau bouillante et faites-les cuire à couvert • Disposez les crevettes dans un plat à four, ajoutez-y l'ail non épluché écrasé au presse-ail puis enrobez-les d'épices cajun, de 1 cuil. à soupe d'huile et de feuilles de thym • Répartissez-les en couche uniforme et faites-les cuire sur feu fort pendant quelques minutes pour que les queues de crevettes soient croustillantes, puis placez-les sous le gril jusqu'à ce qu'elles soient crépitantes et dorées en surface

Épépinez et hachez grossièrement les poivrons et faites-les cuire à la poêle avec 1 cuil. à soupe d'huile • Nettoyez et émincez le céleri, la ciboule et le piment et ajoutez-les dans la poêle avec le maïs et le paprika • Salez et poivrez les légumes et remuez-les régulièrement

Lorsqu'elles sont bien cuites, égouttez les patates douces dans une passoire • Remettez-les dans la casserole et écrasez-les en purée • Incorporez-y le fromage, mélangez bien et assaisonnez la purée à votre goût • Répartissez les légumes sur la purée et accompagnez-les de crevettes croustillantes et de quartiers de citron

BRICKS CRAQUANTES AU CRABE
SALADE DE COUSCOUS & SALSA

POUR 4 | 457 KCAL

Bricks
1 à 2 citrons confits
2 tiges de ciboule
½ bouquet de coriandre fraîche
400 g de chair de crabe
2 cuil. à café de harissa
+ en accompagnement
4 grandes feuilles de pâte filo
Huile d'olive

Salade
½ cuil. à café de graines de carvi
150 g de couscous
2 cuil. à café de purée de tomates séchées
½ bulbe de fenouil
½ bouquet de menthe fraîche
Le jus de 1 citron
1 grenade

Salsa
1 grosse tomate mûre
1 morceau de gingembre de 2 cm
½ citron
Huile d'olive vierge extra
Sel, poivre

En accompagnement
Yaourt nature 0 %

Ingrédients prêts • bouilloire prête • grande poêle, feu moyen • robot, disque à râper épais

COMMENCEZ LA PRÉPARATION

Hachez finement les citrons confits, la ciboule nettoyée et la coriandre (tiges et feuilles) • Dans un saladier, mélangez-les avec la chair de crabe et la harissa • Étalez 1 feuille de pâte filo, déposez au centre un quart de la farce et étalez-la de la taille d'une carte à jouer au milieu et en bas de la feuille, puis pressez la farce avec votre pouce pour lui permettre de s'étaler à la cuisson • Rabattez les bords de la feuille, puis repliez-la entièrement Recommencez jusqu'à obtenir 4 bricks • Versez 1 cuil. à soupe d'huile d'olive dans la poêle, puis faites-y dorer les bricks sur les deux faces jusqu'à ce qu'elles soient croustillantes • Faites griller les graines de carvi sur le bord de la poêle pendant 1 min, puis versez-les dans un saladier

Dans un autre saladier, versez le couscous, 1 tasse d'eau bouillante, la purée de tomates, salez et couvrez • Récupérez les feuilles de fenouil, gardez-en quelques-unes pour le décor, puis hachez le reste grossièrement et râpez le bulbe au robot • Ajoutez-les aux graines de carvi avec les feuilles de menthe hachées • Incorporez le jus de citron et 1 cuil. à soupe d'huile d'olive vierge extra • Assaisonnez la salade et remuez-la bien.

Râpez finement la tomate et le gingembre dans un petit bol • Ajoutez une pincée de sel et de poivre, un bon trait de jus de citron et 1 cuil. à soupe d'huile d'olive vierge extra et mélangez-les • Aérez le couscous puis versez-le dans un plat • Superposez la salade au centre, puis pressez les moitiés de grenade dessus pour en faire tomber les graines • Décorez avec les feuilles de fenouil, disposez les bricks de crabe sur une planche et servez avec quelques cuillerées de yaourt et la salsa

MIXED GRILL DE LA MER
FENOUIL MÉDITERRANÉEN & COUSCOUS

POUR 4 | 458 KCAL

Poissons
1 bouquet de persil plat frais
1 piment rouge frais
12 tomates cerise mûres de couleurs différentes
2 gousses d'ail
1 cuil. à soupe d'huile d'olive
Le jus de ½ citron
400 g de filets de poisson variés (brème, bar, mulet ou vivaneau), écaillés et désarêtés
4 grosses crevettes entières
500 g de palourdes et de moules, brossées et ébarbées

Couscous
300 g de couscous

Fenouil
4 tomates séchées en bocal
1 brin de romarin frais
1 poignée d'olives mélangées
2 bulbes de fenouil
Le jus de 1 citron
Sel, poivre

En accompagnement
1 citron
4 cuil. à soupe de yaourt nature 0 %

Ingrédients prêts • bouilloire prête • four à 240 °C (th. 8) • grand plat à four à bords hauts • grande casserole avec couvercle, feu doux • robot, disque à émincer fin

COMMENCEZ LA PRÉPARATION

Hachez grossièrement le persil et le piment et déposez-les avec les tomates dans un grand plat à four à bords hauts • Ajoutez-y l'ail non épluché écrasé au presse-ail et l'huile, du sel, du poivre et le jus de citron • Coupez en deux les filets de poisson puis déposez-les dans le plat avec les coquillages (jetez les moules ou les palourdes qui ne s'ouvrent pas lorsqu'on les tapote), et mélangez le tout • Enfournez pour 10 min environ jusqu'à ce que les palourdes et les moules s'ouvrent (jetez celles qui restent fermées)

Dans un saladier, versez le couscous, 2 tasses d'eau bouillante, salez, poivrez et couvrez • Dans la grande casserole, faites chauffer les tomates séchées dans un filet de leur huile avec les feuilles de romarin et les olives entières • Coupez en deux les bulbes de fenouil puis émincez-les finement au robot et mettez-les dans la casserole avec une pincée de sel et le jus de citron • Sur feu fort, prolongez la cuisson à couvert en remuant régulièrement

Aérez le couscous • Assaisonnez le fenouil à votre goût • Servez-le avec le plat de poissons, des quartiers de citron et du yaourt en accompagnement

POISSON À L'ASIATIQUE
NOUILLES MISO & LÉGUMES CROQUANTS

POUR 4 | 559 KCAL

Ingrédients prêts • bouilloire prête • four à 200 °C (th. 6-7) • cocotte, feu fort • robot, disque à émincer fin

Poisson

300 g de filet de saumon, sans peau ni arêtes
300 g de filet de poisson blanc, sans peau ni arêtes
1 cuil. à soupe de graines de sésame
1 citron vert
1 cuil. à soupe de miel liquide
2 brins de coriandre fraîche
2 cuil. à café d'huile de sésame

Nouilles

15 g de pâte miso
2 cuil. à soupe de sauce soja allégée en sel + en accompagnement
5 feuilles de combava séchées
3 nids de nouilles fines aux œufs
1 piment rouge frais

Légumes croquants

½ concombre
200 g de pois mange-tout
4 tiges de ciboule
1 petite sucrine
200 g de radis
Le jus de 1 citron vert
2 cuil. à soupe d'huile d'olive vierge extra
Sel, poivre

COMMENCEZ LA PRÉPARATION

Badigeonnez un petit plat profond allant au four avec la moitié de l'huile de sésame • Essuyez les filets de poissons avec du papier absorbant, émincez-les en lamelles de 1 cm d'épaisseur et disposez-les dans le plat • Badigeonnez-les délicatement d'huile de sésame restante, puis salez et poivrez-les • Parsemez-les de sésame, du zeste finement râpé du citron vert, arrosez avec la moitié de son jus, puis recouvrez de miel • Enfournez le poisson pour 7 min environ

Dans la cocotte, versez 1 l d'eau bouillante, ajoutez-y la pâte miso, la sauce soja, les feuilles de combava émiettées et plongez-y les nouilles • Émincez le piment et incorporez-le au bouillon • Émincez finement au robot le concombre, les pois mange-tout, la ciboule nettoyée, la salade et les radis

Réunissez les légumes dans un saladier et assaisonnez-les avec le jus de citron vert, un peu de sauce soja et l'huile d'olive • Vérifiez la cuisson des nouilles et retirez-les du feu lorsqu'elles sont prêtes, puis assaisonnez le bouillon de sauce soja à votre goût • Placez les légumes au milieu des nouilles et mélangez le tout à table • Servez le poisson décoré de feuilles de coriandre

COCKTAIL DE CREVETTES
& PAIN AUX TOMATES SÉCHÉES

POUR 4 | 525 KCAL

Ingrédients prêts • robot, lame couteau • poêle de 28 cm, feu moyen • poêle moyenne, feu moyen

Pain

200 g de farine à levure incorporée + à saupoudrer
100 g de tomates séchées en bocal
3 brins de basilic frais

Cocktail de crevettes

1 poignée de mélange de graines
3 tiges de ciboule
1 laitue romaine ; ½ concombre
3 tomates de différentes couleurs
1 avocat mûr
1 botte de cresson
400 g de petites crevettes cuites décortiquées
4 cuil. à soupe bombées de yaourt nature 0 %
1 cuil. à café de sauce Worcestershire
1 cuil. à café de Tabasco
1 cuil. à soupe bombée de ketchup
1 cuil. à soupe de brandy
Le jus de 1 citron
1 cuil. à café d'huile d'olive vierge extra

Grosses crevettes

1 pincée de piment de Cayenne
4 grosses crevettes crues entières
4 gousses d'ail
Huile d'olive ; sel, poivre

COMMENCEZ LA PRÉPARATION

Au robot, mélangez la farine, les tomates séchées (égouttées) et le basilic, puis incorporez-y progressivement de l'eau jusqu'à obtention d'une boule de pâte • Sur un plan de travail fariné, étalez-la en un disque de 28 cm de diamètre • Versez 1 cuil. à soupe d'huile d'olive dans la poêle de 28 cm et déposez-y la pâte, tapotez les bords et faites-la dorer en la retournant à mi-cuisson (environ 5 min de chaque côté) • Faites dorer les graines dans la poêle moyenne en les remuant régulièrement

Émincez grossièrement la ciboule nettoyée, la laitue, le concombre et les tomates sur une jolie planche de service • Répartissez dessus des dés d'avocat et le cresson ciselé • Déposez les petites crevettes au centre de la salade, empilez les graines sur le côté, puis remettez la poêle sur le feu • Faites-y cuire les grosses crevettes dans 1 cuil. à soupe d'huile d'olive avec le piment de Cayenne, puis intégrez-y l'ail non épluché écrasé au presse-ail et faites-les revenir en les retournant régulièrement jusqu'à ce qu'elles soient dorées

Dans un bol, mélangez le yaourt et la sauce Worcestershire, le Tabasco, le ketchup, le brandy et la moitié du jus de citron, puis assaisonnez à votre goût • Versez la sauce sur les petites crevettes • Lorsque les grosses crevettes sont croustillantes, servez-les sur la planche • Arrosez d'un peu d'huile d'olive vierge extra et de jus de citron et accompagnez ce plat de pain aux tomates séchées

SAUMON FUMÉ

YORKSHIRE PUDDING, BETTERAVES & ASPERGES

POUR 4 | 407 KCAL

Ingrédients prêts • four à 200 °C (th. 6-7) • poêle antiadhésive de 28 cm allant au four, feu fort • mixeur • gril, feu fort • cocotte, feu moyen

Yorkshire pudding
2 ou 3 brins de romarin frais
2 gros œufs
15 cl de lait demi-écrémé
65 g de farine T 55
180 g de saumon fumé de qualité
2 cuil. à soupe d'huile d'olive

Betteraves & asperges
300 g d'asperges
250 g de betteraves cuites sous vide
4 cuil. à soupe de vinaigre balsamique
1 cuil. à café bombée de miel liquide
2 bottes de cresson
2 brins de basilic frais
½ citron

Sauce
3 cuil. à soupe bombées de yaourt nature 0 %
2 cuil. à soupe bombées de raifort râpé
1 citron

Sel, poivre

COMMENCEZ LA PRÉPARATION

Faites chauffer l'huile dans la poêle, prélevez les feuilles de romarin • Cassez les œufs dans le mixeur, ajoutez-y la farine et le lait et mixez jusqu'à obtention d'une préparation homogène • Étalez le romarin dans la poêle, versez la pâte dessus, faites-la cuire pendant 30 s, puis enfournez-la pour 13 min environ, jusqu'à ce qu'elle soit dorée • Nettoyez les asperges et faites-les cuire sur le gril chaud en les retournant régulièrement pour qu'elles grillent sur toutes les faces

Égouttez et coupez en dés les betteraves, puis déposez-les dans la cocotte avec le vinaigre balsamique et le miel et faites-les cuire en remuant régulièrement, ôtez-les du feu lorsqu'elles commencent à caraméliser • Dans un bol, mélangez le yaourt et le raifort puis ajoutez-y du sel, du poivre et du jus de citron à votre goût • Ciselez le cresson sur une jolie planche de service et déposez-y les betteraves, puis les feuilles de basilic

Assaisonnez les asperges d'un trait de jus de citron, de sel et de poivre, puis déposez-les sans attendre sur la planche • Surveillez la cuisson du Yorkshire pudding, qui doit être gonflé et doré • Quand il est bien cuit, sortez-le du four, faites-le glisser sur la planche, puis enroulez le saumon en rosaces et garnissez-en le pudding • Servez sans attendre avec des quartiers de citron et la sauce

THON GRILLÉ
SALADE FAÇON NIÇOISE

POUR 4 | 491 KCAL

Ingrédients prêts • bouilloire prête • casserole moyenne avec couvercle, feu fort • gril, feu fort • mixeur

Salade

350 g de haricots verts et beurre
½ baguette
12 olives noires
3 tomates mûres de différentes couleurs
1 laitue romaine
20 g de feta
1 citron

Thon & sauces

1 gros bouquet de basilic frais
6 filets d'anchois
Le jus de 1 citron
4 cuil. à soupe d'huile d'olive vierge extra
2 steaks de thon de 200 g (2,5 cm d'épaisseur)
1 cuil. à soupe de vinaigre de vin rouge
1 cuil. à café bombée de moutarde en grains
1 cuil. à café de miel liquide

Sel, poivre

COMMENCEZ LA PRÉPARATION

Alignez les haricots et éboutez-les, déposez-les dans la casserole avec une pincée de sel, recouvrez-les d'eau bouillante puis faites-les cuire à couvert • Coupez des tranches de pain de 2 cm d'épaisseur et faites-les dorer au gril en les retournant à mi-cuisson • Réservez 10 petits brins de basilic • Déchirez les feuilles restantes et mixez-les avec les anchois, le jus de citron, l'huile d'olive vierge extra et un peu d'eau

Versez 40 % environ de cette sauce dans un joli plat de service et réservez-la • Badigeonnez le thon d'environ 10 % de la sauce, puis salez et poivrez-le • Dans un grand saladier, mélangez le reste de sauce avec le vinaigre, la moutarde et le miel • Égouttez les haricots cuits, dénoyautez les olives, découpez grossièrement les tomates, puis mélangez-les à la sauce

Faites cuire le thon au gril, 2 min de chaque côté environ jusqu'à ce qu'il commence à colorer à cœur • Émincez la laitue en lanières de 2 cm d'épaisseur, coupez les toasts en croûtons et disposez-les sur une grande planche avec la laitue • Ajoutez-y les haricots, les olives et les tomates assaisonnés • Coupez chaque steak de thon en deux et déposez-les dans le plat de sauce • Décorez avec les feuilles de basilic, la feta émiettée et servez avec des quartiers de citron

BOULETTES GLUANTES AUX CALAMARS
CREVETTES GRILLÉES & NOUILLES

POUR 4 | 489 KCAL

Bouillon
2 cubes de bouillon de volaille
400 g de haricots mange-tout
½ chou chinois
2 piments rouges frais
200 g de brocolis nains (bimi)
2 *pak-choï* (choux chinois)
1 botte de radis
1 morceau de gingembre de 2 cm
1 cuil. à soupe de nuoc-mâm
2 cuil. à soupe de sauce soja allégée en sel
4 nids de nouilles aux œufs
2 citrons verts

Calamars & crevettes
225 g de calamars frais, vidés et nettoyés
½ bouquet de coriandre fraîche
1 cuil. à soupe d'huile de sésame
225 g de grosses crevettes crues décortiquées
Sauce *sweet chili*
1 cuil. à soupe de graines de sésame

Sel, poivre

Ingrédients prêts • bouilloire prête • grande casserole avec couvercle, feu fort • robot, disque à émincer fin et lame couteau • grande poêle, feu moyen

COMMENCEZ LA PRÉPARATION

Versez 1,5 l d'eau bouillante dans une grande casserole et émiettez-y le bouillon de volaille • Émincez les pois, le chou et 1 piment au robot, puis placez-les dans un grand saladier • Découpez les extrémités des brocolis, découpez les *pak-choï* en quartiers et ajoutez-les dans le saladier avec les radis nettoyés • Râpez finement la moitié du gingembre épluché et émincez finement la moitié du piment, puis incorporez-les au bouillon avec le nuoc-mâm et la sauce soja, couvrez

Avec la lame couteau du robot, mixez les calamars (séchés avec du papier absorbant) avec le piment et le gingembre restants, les tiges de coriandre (gardez les feuilles), du sel et du poivre jusqu'à obtention d'une pâte et raclez la préparation le long du bol au bout de 1 min • Versez l'huile de sésame dans la poêle • Avec deux cuillères à café, façonnez 8 boulettes de farce aux calamars et déposez-les dans la poêle • Faites-les cuire en les retournant lorsqu'elles sont dorées, puis ajoutez les crevettes

Incorporez les nouilles et les légumes dans le bouillon, couvrez et portez à ébullition • Retournez les crevettes, versez un peu de sauce pimentée, parsemez de graines de sésame puis secouez délicatement la poêle pour en enrober les boulettes et les crevettes • Pressez les citrons verts dans le bouillon, mélangez et assaisonnez à votre goût • Servez les nouilles, les légumes et le bouillon dans des bols et garnissez-les de boulettes • Décorez-les de feuilles de coriandre

BRÈME À LA MAROCAINE
COUSCOUS, GRENADE & HARISSA

POUR 4 | 611 KCAL

Poisson
4 brèmes entières de 300 g, tête et queue coupées, écaillées et vidées
1 bonne pincée de safran
4 tiges de ciboule
Quelques brins de thym frais
1 cuil. à café de harissa + en accompagnement
1 cuil. à soupe d'huile d'olive

Couscous & salsa
300 g de couscous
1 citron confit
70 g d'abricots secs
6 poivrons rouges en conserve
1 bouquet de coriandre fraîche
1 grenade

Sel, poivre

En accompagnement
2 cuil. à soupe de pistaches décortiquées
1 cuil. à soupe de graines de sésame
1 cuil. à soupe bombée de yaourt nature 0 %
1 cuil. à café d'eau de rose

Ingrédients prêts • bouilloire prête • grande poêle, feu moyen à fort • robot, lame couteau

COMMENCEZ LA PRÉPARATION

Faites griller les pistaches et les graines de sésame à la poêle pendant 1 min puis réservez-les et remettez la poêle sur le feu • Entaillez les poissons en croix sur les deux faces jusqu'aux arêtes • Salez et poivrez-les des deux côtés et faites-les cuire à la poêle dans l'huile 3 min de chaque côté • Versez le couscous, 2 tasses d'eau bouillante et une pincée de sel dans un saladier et couvrez-le • Faites infuser le safran dans 15 cl d'eau bouillante

Au robot, mixez finement le citron confit, les abricots, les poivrons et la moitié de la coriandre, puis déposez la salsa dans un saladier, pressez-y le jus de la moitié de la grenade, assaisonnez à votre goût et réservez • Émincez la ciboule nettoyée et ajoutez-la au poisson avec les brins de thym, la harissa, le safran et son eau • Froissez et humidifiez une feuille de papier sulfurisé et recouvrez-en le poisson

Versez le yaourt dans un petit bol puis marbrez-le avec l'eau de rose et un peu de harissa • Aérez le couscous, déposez-le dans un plat tiède ou sur une planche et recouvrez-le de salsa • Déposez le poisson dessus, versez un peu de jus de cuisson, puis saupoudrez le tout de pistaches et de graines grillées • Répartissez enfin les graines de la demi-grenade restante sur la salade • Décorez de feuilles de coriandre

SAUMON AU THÉ VERT
RIZ COCO & LÉGUMES MISO

POUR 4 | 603 KCAL

Ingrédients prêts • bouilloire prête • grande poêle, feu moyen à fort • grande casserole avec couvercle, feu moyen • casserole moyenne avec couvercle, feu moyen • mixeur

Saumon

4 filets de saumon de 120 g, avec la peau, écaillés et désarêtés
2 sachets de thé vert
1 cuil. à café d'huile d'olive

Riz

40 cl de lait de coco allégé en conserve
300 g de riz basmati
½ citron

Légumes

½ à 1 piment rouge frais
2 cm de gingembre frais
1 cuil. à café bombée de miso en poudre ou 1 cuil. à soupe de pâte miso
½ bouquet de coriandre fraîche
Le jus de ½ citron
2 à 3 cuil. à soupe de sauce soja allégée en sel
1 cuil. à café bombée de miel liquide
200 g de pois mange-tout
200 g de brocolis nains (bimi)
300 g d'asperges
1 citron vert

Sel, poivre

COMMENCEZ LA PRÉPARATION

Déposez le saumon dans une assiette, ouvrez les sachets de thé et répartissez-le sur le poisson, salez, poivrez, et enrobez-le bien • Faites-le cuire à la poêle sur la peau dans l'huile en le retournant jusqu'à ce qu'il soit doré de tous les côtés • Dans la grande casserole, versez le lait de coco, le riz et 40 cl d'eau bouillante • Ajoutez-y le ½ citron, mélangez et faites cuire 10 min environ en remuant régulièrement, puis éteignez le feu

Émincez finement ½ piment pour le décor et placez le reste dans le mixeur avec le gingembre épluché, la poudre ou la pâte miso, la majorité de la coriandre, le jus de citron, la sauce soja, le miel et 1 louche d'eau, puis mixez jusqu'à obtention d'une sauce homogène • Versez de l'eau bouillante dans la casserole moyenne • Mettez-y les pois, les brocolis découpés, les asperges et une pincée de sel et de poivre • Faites-les cuire pendant quelques minutes pour que les légumes restent croquants

Ôtez le saumon cuit de la poêle, retirez-en délicatement la peau et remettez-la à cuire sur le côté tendre pendant 30 s pour qu'elle soit croustillante • Versez la sauce dans un plat puis ajoutez-y rapidement les légumes égouttés • Aérez le riz et émiettez le saumon par-dessus, parsemez de piment et de coriandre puis servez avec la peau de saumon croustillante et des quartiers de citron vert

FRITTATA D'ARNOLD BENNETT
FOCACCIA & SALADE WALDORF À L'EMMENTAL

POUR 4 | 569 KCAL

Ingrédients prêts • bouilloire prête • gril du four, fort • grande cocotte, feu fort • poêle antiadhésive de 28 cm allant au four, feu moyen

Frittata
250 g de haddock sans colorant
4 feuilles de laurier frais
8 gros œufs
6 tiges de ciboule
½ botte de menthe fraîche
1 grosse poignée de petits pois surgelés
1 cuil. à soupe d'huile d'olive
5 g de parmesan

Salade
2 pommes
Le jus de 1 citron
½ bouquet de ciboulette fraîche
1 poignée de noix
75 g de cresson
2 cuil. à soupe d'huile d'olive vierge extra
30 g d'emmental

Sel, poivre

En accompagnement
200 g de *focaccia*
1 citron

COMMENCEZ LA PRÉPARATION

Déposez le poisson et le laurier dans la cocotte et recouvrez-les d'eau bouillante • Toastez la focaccia en bas du four • Fouettez les œufs dans un grand saladier avec une pincée de sel et de poivre • Nettoyez et émincez finement la ciboule et les feuilles de menthe et incorporez-les aux œufs avec les petits pois

Utilisez une spatule pour transférer le poisson de la cocotte dans un saladier, puis émiettez-le avec une fourchette, jetez la peau • Dans la poêle sur feu fort, faites chauffer l'huile d'olive et versez-y les œufs • Remuez quelques minutes jusqu'à ce que l'omelette commence à prendre • Incorporez le haddock poché, le parmesan finement râpé puis placez la poêle sous le gril en haut du four jusqu'à ce qu'elle soit bien cuite, gonflée et dorée (pendant environ 5 min)

Sur une grande planche, râpez grossièrement ou découpez les pommes en allumettes et arrosez-les d'un trait de jus de citron pour leur éviter de noircir • Hachez finement la ciboulette et répartissez-la sur les pommes • Émiettez par-dessus les noix, ajoutez le cresson et un peu d'huile d'olive vierge extra puis mélangez le tout et assaisonnez la salade à votre goût • Découpez des lamelles d'emmental à l'économe et intégrez-les à la salade • Sortez la frittata et la focaccia du gril et servez-les sans attendre avec des quartiers de citron

MOULES À LA MAROCAINE

TOASTS DE TAPENADE & SALADE AU CONCOMBRE

POUR 4 | 549 KCAL

Moules

3 gousses d'ail
2 cuil. à café bombées de harissa
800 g de tomates concassées
½ bouquet de coriandre fraîche
2 citrons confits
1 pincée de safran
2,5 kg de moules, grattées et ébarbées
2 cuil. à soupe d'huile d'olive

Toasts & salade

1 ciabatta
1 petite laitue tendre
½ concombre
Quelques brins de menthe fraîche
Le jus de ½ citron
4 cuil. à soupe de yaourt nature 0 %
½ gousse d'ail
90 g de tapenade de tomates séchées

Sel, poivre

Ingrédients prêts • grand plat à rôtir à bords hauts, feu doux • mixeur • grand gril, feu fort

COMMENCEZ LA PRÉPARATION

Versez l'huile dans le plat à rôtir • Ajoutez-y l'ail non épluché écrasé au presse-ail et la harissa • Dans le mixeur, déposez les tomates, la majorité de la coriandre, les citrons confits, le safran, du sel, du poivre et réduisez-les en purée, puis versez-la dans le plat et augmentez le feu

Portez la sauce à ébullition, ajoutez-y les moules (jetez celles qui sont ouvertes et ne se referment pas lorsqu'on les tapote) et recouvrez d'une double couche de papier d'aluminium en veillant à bien sceller les bords (utilisez un torchon pour ne pas vous brûler) • Découpez la ciabatta en quatre dans la longueur et placez-la sur le gril en la retournant lorsqu'elle est dorée et grillée • Découpez la laitue en quartiers et disposez-la sur une grande planche

Râpez grossièrement le concombre en longs filaments et ajoutez-y une bonne pincée de sel, mélangez et pressez-le pour éliminer l'excédent d'eau, puis placez-le dans un saladier • Ajoutez les feuilles de menthe finement ciselées, le jus de citron et le yaourt, puis assaisonnez à votre goût et déposez le tout sur la laitue • Frottez le pain avec l'ail et tartinez-le de tapenade • Vérifiez que toutes les moules sont ouvertes (jetez celles qui sont restées fermées), décorez de coriandre, et servez-les avec les toasts et la salade

NOIX DE SAINT-JACQUES DORÉES
PURÉE DU SUD & LÉGUMES

POUR 4 | 441 KCAL

Purée du Sud
800 g de pommes de terre
40 g de cheddar
70 g de tomates séchées à l'huile, en bocal
Lait (facultatif)

Légumes
200 g de brocolis nains (bimi)
200 g de pointes d'asperges
200 g de petits pois surgelés
1 cuil. à soupe d'huile d'olive vierge extra
Le jus de ½ citron

Noix de Saint-Jacques
4 tranches de poitrine fumée
12 grosses noix de Saint-Jacques
20 feuilles de sauge fraîche
Le jus de ½ citron
1 cuil. à soupe d'huile d'olive

Sel, poivre

Ingrédients prêts • bouilloire prête • grande cocotte profonde avec couvercle, feu fort • casserole moyenne, feu fort • robot, lame couteau • grande poêle, feu moyen

COMMENCEZ LA PRÉPARATION

Émincez les pommes de terre en rondelles de 1 cm d'épaisseur, déposez-les dans la cocotte avec une pincée de sel, recouvrez-les d'eau bouillante et faites-les cuire à couvert • Portez une nouvelle quantité d'eau à ébullition • Coupez les extrémités des brocolis et des asperges (je les émince au coupe-haricots, utilisez-le si vous en possédez un ou laissez-les entières) • Placez les légumes dans la casserole moyenne avec les petits pois, recouvrez-les d'eau bouillante et faites-les cuire pendant 3 min • Égouttez-les, assaisonnez-les d'huile d'olive vierge extra et du jus de citron, puis disposez-les dans un plat de service

Dans le robot, émiettez le fromage, ajoutez-y les tomates séchées et ½ cuil. à soupe de leur huile et mixez-les bien • Émincez finement la poitrine fumée • Séchez les noix de Saint-Jacques avec du papier absorbant, entaillez-les profondément en croix sur l'une des faces, puis salez et poivrez-les • Versez l'huile d'olive dans la poêle chaude et déposez-y les noix sur la face marquée • Faites-les cuire jusqu'à ce qu'elles soient légèrement dorées des deux côtés, puis ajoutez la poitrine fumée et les feuilles de sauge

Égouttez les pommes de terre, ajoutez-les au robot et mixez (la purée doit être fondante, elle sera gluante si vous insistez), assouplissez-la avec un peu de lait si nécessaire • Vérifiez l'assaisonnement et servez-la dans un plat de service • Versez le jus de citron sur les saint-jacques, secouez la poêle, puis servez-les sans attendre avec les légumes

KEDGEREE ÉPATANT
HARICOTS, LÉGUMES & YAOURT PIMENTÉ

POUR 4 | 474 KCAL

Ingrédients prêts • bouilloire prête • grande poêle, feu fort • grande cocotte, feu moyen • casserole moyenne avec couvercle, feu moyen

Kedgeree
- 2 gros œufs
- 4 feuilles de laurier frais
- 450 g de filets de poisson blanc fumé sans colorant, écaillés et désarêtés
- 1 morceau de gingembre de 2 cm
- 1 piment rouge frais
- 1 botte de ciboule
- 1 bouquet de coriandre fraîche
- 2 cuil. à café bombées de graines de moutarde
- 2 cuil. à café bombées de curcuma
- 1 cuil. à soupe d'huile d'olive
- 500 g de riz complet cuit
- 300 g de petits pois surgelés
- Le jus de 1 citron

Légumes
- 200 g de haricots verts fins
- 1 grosse botte de blettes
- 1 cuil. à soupe d'huile d'olive vierge extra
- Le jus de ½ citron

Yaourt
- 3 cuil. à soupe de yaourt nature 0 %
- 1 cuil. à soupe de sauce *sweet chili*
- Le jus de ½ citron
- Sel, poivre

COMMENCEZ LA PRÉPARATION

Remplissez la poêle d'eau bouillante, déposez-y les œufs entiers, les feuilles de laurier et le poisson fumé puis laissez réduire à frémissement • Faites bouillir une nouvelle quantité d'eau • Émincez finement le gingembre épluché, le piment, la ciboule nettoyée et la coriandre (réservez quelques feuilles) • Faites dorer les graines de moutarde et le curcuma dans la cocotte avec l'huile d'olive et, lorsque les graines commencent à éclater, ajoutez-y les aromates émincés en remuant régulièrement

Alignez les haricots et éboutez-les, déposez-les dans la casserole moyenne avec une pincée de sel puis recouvrez-les d'eau bouillante et faites-les cuire à couvert • Alignez les feuilles de blettes, découpez et émincez les tiges et ajoutez-les aux haricots • Intégrez le riz cuit, les petits pois et le jus de citron dans la cocotte • Ajoutez les feuilles de blettes aux haricots pendant 1 min • Dans un petit bol, mélangez le yaourt, la sauce pimentée et le jus de citron

Égouttez les légumes verts et laissez-les sécher en refroidissant • Avec une spatule à poisson, sortez le poisson fumé de la poêle, émiettez-le dans le riz, jetez la peau, mélangez le tout et assaisonnez à votre goût • Écalez les œufs sous un robinet d'eau froide et découpez-les en quartiers, mettez-les dans la casserole et décorez le *kedgeree* de feuilles de coriandre • Sur une planche, arrosez les légumes d'huile d'olive vierge extra et de jus de citron, puis assaisonnez à votre goût et servez

MAJESTUEUX MAQUEREAUX
TOMATES MULTICOLORES & SALADE DE QUINOA

POUR 4 | 431 KCAL

Ingrédients prêts • bouilloire prête • casserole moyenne avec couvercle, feu moyen • grande poêle, feu fort

Salade
300 g de quinoa
½ citron
800 g de tomates mûres de différentes couleurs
1 piment rouge frais
2 cuil. à soupe d'huile d'olive vierge extra
1 cuil. à soupe de vinaigre balsamique

Maquereaux
4 maquereaux entiers de 200 g, écaillés et vidés
1 cuil. à café bombée de coriandre en poudre
1 cuil. à soupe d'huile d'olive
2 brins de romarin frais
2 gousses d'ail
Sel, poivre

En accompagnement
2 cuil. à soupe bombées de yaourt nature 0 %
2 cuil. à café bombées de raifort râpé
Quelques brins de basilic frais

COMMENCEZ LA PRÉPARATION

Dans la casserole moyenne, versez le quinoa, 2 tasses d'eau bouillante, une pincée de sel et le ½ citron, puis couvrez et faites-les cuire en remuant de temps en temps • Sur du papier sulfurisé, entaillez les maquereaux sur les deux faces à intervalles de 2 cm jusqu'à l'arête • Enrobez-les de sel, de poivre et de coriandre moulue, puis faites-les cuire dans la grande poêle avec l'huile d'olive

Émincez les tomates comme vous le souhaitez et disposez-les sur une grande planche ou dans un plat, puis parsemez-les de piment finement émincé • Ajoutez les feuilles de romarin et les gousses d'ail écrasées au poisson • Retournez les maquereaux lorsqu'ils commencent à dorer (4 à 5 min environ de chaque côté)

Lorsque le quinoa est cuit (au bout de 10 min environ), égouttez-le et pressez le citron dessus avec une pince, puis disposez-le au centre des tomates • Recouvrez-le d'un filet d'huile d'olive vierge extra et de vinaigre balsamique et ajoutez une pincée de sel et de poivre • Déposez par-dessus le poisson croustillant • Mélangez le yaourt et le raifort et versez-en quelques cuillerées sur le plat • Décorez avec les feuilles de basilic et servez

POISSON POCHÉ
ŒUFS COCOTTE & PAIN À LA TOMATE

POUR 4 | 633 KCAL

Œufs
4 gros œufs
2 tranches de prosciutto
2 cuil. à soupe de crème légère
10 g de parmesan
1 cuil. à soupe d'huile à la truffe

Pain à la tomate
1 petit pain aux graines (400 g)
2 cuil. à soupe de tomates séchées
1 gousse d'ail
2 cuil. à soupe de vinaigre balsamique
½ bouquet de thym frais

Légumes printaniers
4 tiges de ciboule
300 g d'asperges
1 cuil. à café de sauce à la menthe
1 cuil. à café bombée de farine T 55
30 cl de lait demi-écrémé
250 g de petits pois surgelés
200 g de pousses d'épinards
1 cuil. à soupe d'huile d'olive

Poisson
400 g de filets de poisson blanc fumé sans colorant, écaillés et désarêtés
1 citron ; sel, poivre

Ingrédients prêts • bouilloire prête • four à 200 °C (th. 6-7) • plat à four de 16 cm de diamètre • robot, lame couteau • grande cocotte, feu fort • poêle moyenne, feu moyen

COMMENCEZ LA PRÉPARATION

Badigeonnez un plat à four de 16 cm de diamètre d'huile à la truffe, puis cassez-y les œufs • Coupez les tranches de prosciutto en deux et recouvrez-en les jaunes d'œufs, puis ajoutez la crème • Râpez finement le parmesan par-dessus, puis enfournez les œufs jusqu'à ce qu'ils soient cuits à votre convenance

Entaillez profondément le pain • Au robot, mixez les tomates séchées avec 1 cuil. à café de leur huile, l'ail épluché et le vinaigre balsamique jusqu'à obtention d'une pâte • Parfumez-la avec les brins de thym puis badigeonnez-en soigneusement le pain et enfournez-le

Nettoyez et émincez grossièrement la ciboule puis faites-la cuire dans la cocotte avec l'huile d'olive • Nettoyez les asperges et ajoutez-les dans la cocotte avec la sauce à la menthe, la farine, le lait, les petits pois, les épinards et une pincée de sel et de poivre, puis faites cuire à frémissement à couvert et rectifiez l'assaisonnement à la fin • Déposez le poisson dans la casserole moyenne, recouvrez-le d'eau bouillante et faites-le cuire délicatement à frémissement (environ 6 min) • Lorsque tout est prêt, émiettez le poisson sur les légumes puis servez-le avec des quartiers de citron, les œufs cocotte et le pain croustillant à la tomate

SAUMON FUMÉ
SALADE POMMES DE TERRE & ASPERGES

SERVES 4 | 452 CALORIES

Ingrédients prêts • bouilloire prête • four à 160 °C (th. 5-6) • petite casserole avec couvercle, feu fort • gril, feu fort

Salade
500 g de petites pommes de terre nouvelles
4 tranches de pancetta fumée
1 cuil. à café de moutarde anglaise
1 cuil. à café bombée de moutarde à l'ancienne
4 cuil. à soupe de yaourt nature 0 %
½ bouquet d'aneth frais
Vinaigre de vin blanc
1 trévise

Saumon
240 g de saumon fumé de qualité
300 g d'asperges
1 botte de cresson ou 1 barquette de pousses de pois mange-tout

En accompagnement
½ petit pain aux graines
Beurre doux
1 citron

COMMENCEZ LA PRÉPARATION

Découpez les plus grosses pommes de terre en deux et placez-les dans la petite casserole avec une pincée de sel puis recouvrez-les d'eau bouillante et faites-les cuire à couvert • Enfournez le pain • Faites griller la pancetta sur le gril en la retournant lorsqu'elle est dorée, puis placez-la sur une planche • Disposez le saumon fumé dans un joli plat en formant d'élégantes vagues, bord à bord

Étalez 4 pointes d'asperges sur une planche et, en les maintenant par la tige, émincez-les en rubans fins avec un économe (jetez les extrémités épaisses), puis répartissez-les sur le saumon fumé avec le cresson ciselé ou les pousses de pois mange-tout • Nettoyez les asperges restantes et mettez-les dans la casserole avec les pommes de terre, puis prolongez la cuisson à couvert

Dans un grand saladier de service profond, mélangez les moutardes, le yaourt, l'aneth haché et un trait de vinaigre puis assaisonnez à votre goût • Égouttez les pommes de terre et les asperges et ajoutez-les au saladier, avec la trévise finement émincée et la pancetta croustillante • Servez avec du pain grillé, un peu de beurre et des quartiers de citron

SOUPE DE POISSON COLORÉE
SAUCE SAFRAN & PAIN À L'AIL

POUR 4 | 516 KCAL

Pain à l'ail
1 ciabatta
3 à 4 gousses d'ail
Quelques brins de thym-citron frais
1 cuil. à soupe d'huile d'olive vierge extra

Ragoût de poisson
1 bulbe de fenouil
4 filets d'anchois
4 tiges de ciboule
½ à 1 piment rouge frais
2 cuil. à soupe d'huile d'olive
2 gousses d'ail
12,5 cl de vin blanc
700 g de *passata*
1 petit bouquet de basilic frais
400 g de filets de poisson (lotte, rouget, saint-pierre, bar, merlan), écaillés et désarêtés
400 g de moules et palourdes, grattées et ébarbées
4 grosses crevettes crues entières

Sauce
1 gousse d'ail ; 1 pincée de safran
3 cuil. à soupe de yaourt nature 0 %
Le jus de ½ citron
Sel, poivre

Ingrédients prêts • bouilloire prête • four à 220 °C (th. 7-8) • robot, lame couteau • grande cocotte avec couvercle, feu moyen

COMMENCEZ LA PRÉPARATION

Entaillez la ciabatta en profondeur • Écrasez l'ail non épluché au presse-ail sur le pain, ajoutez-y des brins de thym, une pincée de sel et de poivre et un filet d'huile d'olive vierge extra • Frottez le tout dans les entailles du pain, puis faites-le dorer au four

Coupez le fenouil en deux (gardez les extrémités feuillues) et placez-le dans le robot avec les anchois, la ciboule nettoyée et le piment puis hachez-les finement • Faites-les revenir dans la cocotte avec l'huile d'olive sur feu fort en remuant régulièrement • Écrasez-y l'ail non épluché au presse-ail, puis versez le vin et prolongez la cuisson • Incorporez ensuite la *passata*, 35 cl d'eau bouillante, la majorité des feuilles de basilic déchirées, puis salez et poivrez

Découpez le poisson pour obtenir 4 morceaux de taille égale de chaque type, puis mettez-les dans la cocotte avec les fruits de mer (jetez les moules et les palourdes ouvertes qui ne se referment pas lorsqu'on les tapote), couvrez et laissez bouillir • Épluchez l'ail et écrasez-le avec une pincée de sel et le safran dans un mortier, puis incorporez le yaourt et un trait de jus de citron • Lorsque les moules et les palourdes sont ouvertes (jetez celles qui sont restées fermées), le poisson bien cuit (soit environ 4 min), assaisonnez la soupe à votre goût • Servez-la avec les feuilles de basilic et de fenouil restantes, la sauce au safran et le pain à l'ail

THON SAISI À L'ASIATIQUE
RIZ COCO & LÉGUMES MÊLÉS

POUR 4 | 648 KCAL

Riz
40 cl de lait de coco allégé
300 g de riz basmati
1 citron vert

Thon
1 steak de thon albacore de 450 g
2 sachets de thé vert
1 cuil. à soupe de graines de sésame
1 cuil. à soupe d'huile d'olive
105 g de gingembre mariné
2 tiges de ciboule
1 piment rouge frais
Le jus de 1 pamplemousse rose
Sauce soja allégée en sel
½ bouquet de coriandre fraîche

Légumes
2 *pak-choï* (choux chinois)
300 g d'asperges
200 g de brocolis nains (bimi)
2 cuil. à café d'huile de sésame + en accompagnement
3 gousses d'ail
1 cuil. à soupe de sauce *teriyaki*

Sel, poivre

Ingrédients prêts • bouilloire prête • petite casserole avec couvercle, feu moyen à fort • grande poêle, feu moyen à fort • robot, disque à émincer fin

COMMENCEZ LA PRÉPARATION

Dans la petite casserole, versez le lait de coco, le riz et 40 cl d'eau bouillante • Salez et poivrez, mélangez bien et faites cuire à couvert pendant environ 10 min en remuant régulièrement, puis éteignez le feu • Découpez le thon dans la longueur, puis videz le contenu des sachets de thé sur une planche et ajoutez-y les graines de sésame et une pincée de sel et de poivre • Roulez et pressez le thon dans ce mélange puis faites-le cuire à la poêle avec l'huile d'olive • Faites-le saisir pendant environ 40 s de chaque côté, puis déposez-le dans une assiette et laissez la poêle sur le feu

Coupez le *pak-choï* en deux, émincez-le finement au robot avec les asperges nettoyées et les brocolis • Versez l'huile de sésame dans la poêle et faites-la chauffer sur feu fort • Ajoutez-y l'ail non épluché écrasé au presse-ail et les légumes émincés • Mélangez et remuez-les pendant 2 min environ, assaisonnez-les à votre goût avec la sauce *teriyaki*, puis retirez du feu

Versez le gingembre mariné et son jus dans un joli plat de service • Émincez finement la ciboule nettoyée et le piment et recouvrez-en le gingembre • Arrosez de jus de pamplemousse et assaisonnez à votre goût • Émincez le thon en tranches de 1 cm d'épaisseur et répartissez-les sur le gingembre, arrosez le thon d'un peu de sauce soja, terminez avec des feuilles de coriandre et quelques gouttes d'huile de sésame • Servez le poisson avec le riz, des quartiers de citron vert et les légumes

TAJINE DE POISSON BLANC

SALADE DE CAROTTES, CORIANDRE & CLÉMENTINES

POUR 4 | 565 KCAL

Couscous

½ citron ; 300 g de couscous
½ bouquet de menthe fraîche

Tajine

2 gousses d'ail
1 poignée d'olives variées
2 cuil. à café de harissa
2 filets d'anchois
700 g de *passata*
1 petit citron confit
1 bonne pincée de safran
4 filets de carrelets de 120 g, sans peau ni arêtes
2 cuil. à soupe d'huile d'olive

Salade

2 cuil. à soupe de graines de sésame
3 carottes moyennes
3 clémentines
1 cuil. à soupe d'huile d'olive vierge extra
Le jus de ½ citron
½ bouquet de coriandre fraîche
Sel, poivre

En accompagnement

1 cuil. à soupe de harissa
4 cuil. à soupe de yaourt nature 0 %

Ingrédients prêts • bouilloire prête • grand plat à rôtir à bords hauts, feu moyen • petite poêle, feu doux • robot, disque à râper

COMMENCEZ LA PRÉPARATION

Dans un joli plat de service, placez ½ citron, les tiges de menthe (réservez les feuilles), une pincée de sel, le couscous et 2 volumes d'eau bouillante, puis couvrez • Versez l'huile d'olive dans le plat à rôtir et écrasez-y l'ail non épluché au presse-ail • Ajoutez les olives, la harissa, les anchois, la *passata* et le citron confit découpé

Recouvrez le safran d'un peu d'eau bouillante • Assaisonnez chaque filet de poisson de sel et de poivre, roulez-les sur eux-mêmes, déposez-les dans la sauce, puis arrosez-les de safran • Chiffonnez et humidifiez une feuille de papier sulfurisé, placez-la sur le poisson et prolongez la cuisson à frémissement jusqu'à ce qu'il soit cuit à cœur (environ 8 min) • Goûtez et rectifiez l'assaisonnement • Faites dorer les graines de sésame à la poêle, puis ôtez-les du feu

Râpez les carottes nettoyées au robot et empilez-les sur un plat de service • Épluchez les clémentines, émincez-les en rondelles et disposez-les sur les carottes avec les feuilles de menthe découpées, de l'huile d'olive vierge extra et le jus de citron • Parsemez la salade de graines de sésame grillées, salez, poivrez et mélangez le tout • Dans un petit bol, dessinez des marbrures de harissa dans le yaourt • Aérez le couscous, servez-le avec le tajine de poisson et la salade de carottes, et décorez l'ensemble de feuilles de coriandre

CALAMARS ET CREVETTES PORTE-BONHEUR

BOUILLON ÉPICÉ, NOUILLES & LÉGUMES

POUR 4 | 446 KCAL

Bouillon

2 cubes de bouillon de volaille
¼ de chou-fleur
1 poivron rouge
200 g de pois mange-tout
1 *pak-choï* (chou chinois)
4 nids de nouilles aux œufs fines
Le jus de 2 citrons verts

Pâte

1 morceau de gingembre de 2 cm
2 gousses d'ail
2 tiges de citronnelle
6 feuilles de combava séchées
1 piment rouge frais
1 bouquet de coriandre fraîche
1 cuil. à soupe de miel liquide
1 cuil. à soupe de nuoc-mâm
1 cuil. à soupe de sauce soja allégée en sel + en accompagnement
1 cuil. à soupe d'huile de sésame

Fruits de mer

200 g de calamars, vidés et nettoyés
200 g de grosses crevettes crues décortiquées
140 g de mélange de champignons
1 cuil. à soupe de miel liquide

Ingrédients prêts • bouilloire prête • cocotte moyenne avec couvercle, feu fort • robot, lame couteau et disque à émincer épais • gros gril, feu fort

COMMENCEZ LA PRÉPARATION

Versez 1,5 l d'eau bouillante dans la cocotte et émiettez-y les cubes de bouillon • Épluchez le gingembre, l'ail et les feuilles externes de citronnelle, hachez-les grossièrement et déposez-les dans le robot • Ajoutez-y les feuilles de combava, le piment, les tiges de coriandre (gardez les feuilles), le miel, le nuoc-mâm, la sauce soja et l'huile de sésame, puis mixez finement

Versez 1 cuil. à soupe bombée de cette pâte dans un saladier, puis incorporez le reste au bouillon chaud • Ouvrez les calamars et marquez l'intérieur de la chair en croix avec un couteau sur 0,5 cm d'épaisseur, placez-les dans le saladier avec les tentacules, les crevettes et les champignons, puis enrobez-les de pâte et réservez-les • Placez le disque à émincer épais dans le robot et émincez le chou, le poivron épépiné, les pois mange-tout et le *pak-choï*

Ajoutez les nouilles et les légumes émincés dans le bouillon, couvrez et portez à ébullition pendant 2 min sans prolonger la cuisson • Faites cuire les calamars et les champignons sur le gril chaud, ajoutez-y les crevettes et faites-les griller des deux côtés, puis arrosez-les de miel • Assaisonnez le bouillon à votre goût avec la sauce soja et le jus de citron vert, puis décorez de feuilles de coriandre • Émincez les calamars et servez

SALADE KOH SAMUI
TOFU PIMENTÉ & NOUILLES THAÏES

POUR 4 | 680 KCAL

Ingrédients prêts • bouilloire prête • poêle moyenne, feu doux • robot, lame couteau et disque à émincer fin

Salade
300 g de nouilles de riz moyennes
1 gousse d'ail
1 morceau de gingembre de 2 cm
6 tomates cerise mûres
1 piment rouge frais
½ bouquet de basilic frais
1 cuil. à café bombée de sucre blanc
3 cuil. à soupe de sauce nuoc-mâm
Le jus de 3 citrons verts
1 botte de radis
2 carottes
½ concombre
1 bulbe de fenouil
½ chou blanc
100 g de crevettes cuites décortiquées

En accompagnement
100 g de cacahuètes décortiquées
2 cuil. à soupe de graines de sésame
3 feuilles de combava séchées
1 bouquet de menthe fraîche
350 g de tofu soyeux
1 cuil. à soupe de sauce *sweet chili*
1 citron vert

Huile de sésame

COMMENCEZ LA PRÉPARATION

Placez les nouilles dans un saladier et recouvrez-les d'eau bouillante en les remuant régulièrement pour les séparer • Dans la poêle, faites revenir les cacahuètes et les graines de sésame dans 1 cuil. à café d'huile de sésame avec les feuilles de combava émiettées jusqu'à ce qu'elles soient dorées, en remuant régulièrement • Au robot, mélangez l'ail et le gingembre épluchés, les tomates, le piment, les feuilles de basilic, le sucre, le nuoc-mâm, 2 cuil. à soupe d'huile de sésame et le jus de citron vert jusqu'à obtention d'une sauce fine

Gardez-la dans le bol du robot et, avec le disque à émincer fin, émincez les radis, les carottes nettoyées, le concombre, le fenouil et le chou découpés en quartiers • Placez le tout dans un grand saladier, pressez et assaisonnez rapidement la salade avec les mains propres puis goûtez-la et rectifiez les saveurs si nécessaire

Égouttez les nouilles, versez-les dans le saladier avec les crevettes et mélangez • Déchirez grossièrement les feuilles de menthe et recouvrez-en la salade • Découpez le tofu en morceaux de 2 cm et empilez-les au centre de la salade, arrosez-les de sauce pimentée • Parsemez la salade de cacahuètes et de graines de sésame torréfiées et servez-la avec des quartiers de citron vert

FILETS DE SARDINES
SALADE TOSCANE AU PAIN

POUR 4 | 399 KCAL

Ingrédients prêts • gril du four chaud • grand plat à four • robot, lame couteau • gril, feu fort

Sardines

1 pincée de safran
4 tiges de ciboule
½ piment rouge frais
½ bouquet de persil plat frais
½ cuil. à café de graines de fenouil
2 citrons
1 cuil. à soupe d'huile d'olive
8 sardines fraîches, écaillées et ouvertes
4 tranches de pancetta fumée

Salade

½ ciabatta
1 gousse d'ail
4 filets d'anchois
3 cuil. à soupe de vinaigre balsamique
800 g de tomates mûres de différentes couleurs
½ botte de ciboule
½ bouquet de basilic frais
1 cuil. à soupe de câpres
200 g de poivrons rouges grillés en conserve
30 g de feta
Huile d'olive vierge extra

Sel, poivre

COMMENCEZ LA PRÉPARATION

Au robot, mélangez le safran, la ciboule nettoyée, le piment, le persil, les graines de fenouil, le jus de 1 citron, l'huile d'olive et une pincée de sel et de poivre jusqu'à obtention d'une pâte épaisse • Frottez-en un plat à four assez grand pour contenir les sardines à plat et disposez-les dedans, côté chair sur la pâte • Répartissez la pancetta en vagues entre les poissons puis faites-les griller jusqu'à ce qu'ils soient dorés et croustillants (8 min environ)

Découpez 4 tranches de ciabatta de 2 cm d'épaisseur et faites-les griller sur les deux faces • Épluchez l'ail et placez-le dans le robot avec les anchois, 1 cuil. à soupe d'huile d'olive vierge extra, le vinaigre balsamique, la moitié des tomates, la ciboule nettoyée et le basilic • Mixez jusqu'à obtention d'une sauce homogène et assaisonnez à votre goût, puis versez le tout dans un grand saladier

Ajoutez-y les câpres puis les poivrons grossièrement découpés • Taillez la ciabatta en morceaux de 2 cm, puis incorporez-les à la salade et mélangez-les à la sauce • Découpez en deux ou en quatre les tomates restantes et ajoutez-les à la salade, puis décorez-la des feuilles de basilic restantes • Émiettez la feta par-dessus et terminez par 1 cuil. à café d'huile d'olive vierge extra • Servez la salade avec les sardines et des quartiers de citron

CALAMARS & CHORIZO
COUSCOUS À LA GRECQUE

POUR 4 | 634 KCAL

Ingrédients prêts • bouilloire prête • robot, lame couteau • grande poêle, feu fort

Couscous
4 tiges de ciboule
100 g de pousses d'épinards
1 bouquet de menthe fraîche
300 g de couscous
Le jus de ½ citron

Calamars & chorizo
400 g de calamars, vidés et nettoyés
80 g de chorizo séché
2 poivrons de couleurs différentes
1 cuil. à soupe de miel liquide
Vinaigre de xeres
2 gousses d'ail
8 à 10 olives noires
50 g de feta
2 cuil. à soupe d'huile d'olive

Sel, poivre

En accompagnement
1 cuil. à café bombée de harissa
4 cuil. à soupe de yaourt nature 0 %
1 citron

COMMENCEZ LA PRÉPARATION

Au robot, mixez finement la ciboule nettoyée avec les épinards, la majorité des feuilles de menthe et une pincée de sel et de poivre • Ôtez la lame, versez le couscous et 2 tasses d'eau bouillante, couvrez et laissez gonfler dans le robot • Ouvrez les calamars et marquez-les légèrement en croix sur 0,5 cm d'épaisseur sur la face interne avec un couteau, émincez-les avec un couteau aiguisé en rondelles d'environ 1 cm d'épaisseur, puis taillez grossièrement les tentacules

Émincez le chorizo et faites-le revenir à la poêle avec l'huile • Épépinez et émincez les poivrons, ajoutez-les ainsi que, au bout de 4 min, les calamars, le miel et un trait de vinaigre • Écrasez dessus l'ail non épluché au presse-ail, intégrez les olives dénoyautées et prolongez la cuisson pendant quelques minutes

Aérez le couscous, arrosez-le de jus de citron, puis disposez-le sur une grande planche ou dans un plat • Répartissez les calamars, les poivrons et le chorizo sur le couscous • Émiettez la feta par-dessus et décorez avec les feuilles de menthe restantes • Dans un petit saladier, dessinez des marbrures de harissa dans le yaourt et servez le tout avec des quartiers de citron

TRUITES ENTIÈRES AU FOUR

POMMES DE TERRE, PETITS POIS & SAUCE MOUTARDE

POUR 4 | 504 KCAL

Ingrédients prêts • bouilloire prête • four à 240 °C (th. 8) • plat à four • robot, disque à émincer épais • cocotte avec couvercle, feu fort

Truites

4 truites de 250 g, écaillées et vidées
1 citron
1 bouquet de thym frais
40 g d'amandes effilées
4 tranches de pancetta fumée

Légumes

600 g de pommes de terre nouvelles
2 cubes de bouillon de volaille
2 petites sucrines
1 bouquet de menthe fraîche
300 g de petits pois surgelés
200 g de fèves surgelées

Sauce

2 cuil. à café de raifort râpé
1 cuil. à café de moutarde anglaise
Le jus de ½ citron
4 cuil. à soupe de yaourt nature 0 %

Huile d'olive
Sel, poivre

COMMENCEZ LA PRÉPARATION

Dans un plat à four, assaisonnez les truites de sel, de poivre et de 1 cuil. à soupe d'huile • Découpez le citron en quartiers, ajoutez-le au plat et faites cuire le poisson en haut du four • Au robot, émincez les pommes de terre nouvelles et placez-les dans la cocotte avec 1 l d'eau bouillante • Émiettez-y les cubes de bouillon, couvrez et portez à ébullition

Dans un bol, mélangez le raifort, la moutarde, le jus de citron et une petite pincée de sel, puis dessinez-en des marbrures sur le yaourt • Émincez la sucrine et hachez finement les feuilles de menthe

Enrobez les feuilles de thym de 1 cuil. à soupe d'huile, puis répartissez-les sur les truites avec les amandes effilées • Placez 1 tranche de pancetta sur chaque poisson et remettez-les au four pendant quelques minutes jusqu'à ce qu'ils soient dorés et croustillants • Ajoutez la salade, les feuilles de menthe, les petits pois et les fèves aux pommes de terre • Assaisonnez-les à votre goût, prolongez la cuisson quelques minutes, puis servez les légumes avec les truites croustillantes et la sauce à la moutarde

PÂTES

PÂTES AU PESTO
POULET À L'AIL & AU ROMARIN

POUR 4 | 581 KCAL

Poulet
2 blancs de poulet de 200 g sans la peau
1 cuil. à café de graines de fenouil
2 brins de romarin frais
2 cuil. à soupe d'huile de colza
4 à 5 gousses d'ail
1 à 2 piments rouges frais
8 tomates cerise mûres

Pâtes & pesto
250 g de haricots verts
1 gros bouquet de basilic frais
50 g d'amandes mondées
50 g de parmesan + en accompagnement
2 cuil. à soupe d'huile d'olive vierge extra
Le jus de 1 citron
1 gousse d'ail
300 g de feuilles de lasagnes fraîches
200 g de pousses d'épinards

Sel, poivre

Ingrédients prêts • bouilloire prête • grande poêle, feu fort • grande cocotte avec couvercle, feu fort • robot, lame couteau

COMMENCEZ LA PRÉPARATION

Sur une grande feuille de papier sulfurisé, enrobez le poulet de sel, de poivre, de graines de fenouil et de romarin • Repliez le papier puis aplatissez la viande sur 1,5 cm d'épaisseur avec un rouleau à pâtisserie • Faites-la cuire à la poêle avec l'huile de colza, les gousses d'ail entières écrasées et le piment coupé en deux, en les retournant au bout de 3 à 4 min jusqu'à ce que la viande soit dorée et bien cuite • Alignez les haricots et éboutez-les, déposez-les dans la cocotte, recouvrez-les d'eau bouillante salée et faites-les cuire à couvert pendant 6 min

Réservez quelques feuilles de basilic pour le décor, puis déchirez les tiges et placez les feuilles dans le robot avec les amandes, le parmesan, l'huile d'olive vierge extra et le jus de citron • Incorporez-y l'ail non épluché écrasé au presse-ail • Mixez jusqu'à obtention d'une sauce homogène, diluez-la avec 1 ou 2 louches d'eau de cuisson des haricots, puis assaisonnez le pesto à votre goût • Découpez grossièrement les feuilles de lasagnes morceaux et ajoutez-les aux haricots pendant quelques minutes • Coupez les tomates en deux ou en quatre, intégrez-les au poulet et secouez la poêle

Incorporez les épinards aux pâtes, égouttez-les et réservez 1 tasse d'eau de cuisson amidonnée • Remettez les pâtes, les haricots verts et les épinards dans la cocotte, versez le pesto et mélangez le tout en délayant avec l'eau de cuisson jusqu'à obtention d'une préparation onctueuse • Coupez les blancs de poulet en deux et servez-les avec les tomates et le piment • Râpez finement un peu de parmesan sur les pâtes, puis décorez-les de feuilles de basilic

BOLOGNAISES AU CRABE
SALADE CROQUANTE AU FENOUIL

POUR 4 | 673 KCAL

Pâtes & sauce
½ à 1 piment rouge frais
1 carotte
2 tiges de ciboule
2 gousses d'ail
1 cuil. à café bombée de graines de fenouil
2 filets d'anchois
½ bouquet de basilic frais
2 bulbes de fenouil
1 cuil. à soupe d'huile d'olive
320 g de spaghettis
1 citron
300 g de chair de crabe (chair et pinces)
Vin blanc
700 g de *passata*

Salade
2 petites sucrines
½ bouquet de menthe fraîche
Le jus de 1 citron
Parmesan
1 cuil. à soupe d'huile d'olive vierge extra

Sel, poivre

Ingrédients prêts • bouilloire prête • robot, lame couteau et disque à émincer fin • cocotte avec couvercle, feu moyen • grande casserole avec couvercle, feu fort

COMMENCEZ LA PRÉPARATION

Coupez en deux le piment, la carotte et la ciboule nettoyée et placez-les dans un robot avec l'ail épluché, les graines de fenouil, les anchois et les tiges de basilic (gardez les feuilles) • Mixez-les et ajoutez-y les tiges et les feuilles de fenouil, puis hachez-les finement • Déposez le mélange dans la cocotte et faites-le revenir dans l'huile d'olive, en remuant régulièrement • Placez les spaghettis dans la grande casserole, recouvrez-les d'eau bouillante salée et faites-les cuire le temps indiqué sur l'emballage

Râpez finement le zeste de citron sur les légumes • Incorporez-y la chair de crabe, un trait de vin blanc et la *passata*, mélangez, couvrez et laissez cuire à frémissement • Placez le disque à émincer dans le robot • Coupez les bulbes de fenouil en deux et nettoyez la salade, puis émincez-les au robot et disposez-les dans un saladier • Déchirez et émincez les feuilles de menthe et ajoutez-les dans le saladier avec une pincée de sel et de poivre, le jus de citron et quelques copeaux de parmesan

Hachez grossièrement les feuilles de basilic et incorporez-en la plus grande partie dans la sauce en même temps que la chair des pinces de crabe et le jus du citron • Délayez la sauce avec un peu d'eau de cuisson des spaghettis, puis égouttez les pâtes et placez-les dans un grand saladier • Recouvrez-les de sauce et servez sans attendre, avec les feuilles de basilic restantes, et mélangez-les à table • Accompagnez les pâtes de salade croquante au fenouil arrosée d'un filet d'huile d'olive vierge extra

FUSILLIS À LA SAUCISSE
SALADE DU JARDIN CRÉMEUSE

POUR 4 | 622 KCAL

Pâtes
4 saucisses
(au moins 80 % de viande)
1 gros oignon rouge
1 cuil. à café bombée
de graines de fenouil
4 poivrons rouges en conserve
4 brins de romarin frais
4 gousses d'ail
320 g de fusillis
3 cuil. à soupe de vinaigre
balsamique épais
+ en accompagnement
350 g de *passata*

Salade
1 laitue tendre
100 g de pousses d'épinards
ou de roquette
1 botte de cresson
2 cuil. à café de moutarde anglaise
3 cuil. à soupe
de yaourt nature 0 %
Le jus de 1 citron
1 botte de ciboulette fraîche

Huile d'olive
Sel, poivre

Ingrédients prêts • bouilloire prête • gril, feu fort • robot, lame couteau • grande poêle, feu fort • grande casserole avec couvercle, feu fort

COMMENCEZ LA PRÉPARATION

Incisez les saucisses en longueur aux trois quarts, ouvrez-les puis enrobez-les de 1 cuil. à café d'huile et déposez-les sur le gril, faces coupées vers le bas, en les retournant régulièrement jusqu'à ce qu'elles soient croustillantes et bien cuites • Épluchez et coupez en deux l'oignon, puis hachez-le au robot avec les graines de fenouil, les poivrons, la moitié des feuilles de romarin et une pincée de sel et de poivre • Faites revenir le tout dans la grande poêle avec 1 cuil. à soupe d'huile, ajoutez-y l'ail non épluché et écrasé au presse-ail et remuez régulièrement

Versez les pâtes dans la casserole, recouvrez-les d'eau bouillante salée et faites-les cuire selon les indications de l'emballage • Ajoutez le vinaigre balsamique et la *passata* à la préparation à l'oignon • Nettoyez la salade et découpez-la en quartiers, puis disposez-les avec les épinards ou la roquette tout autour d'une jolie planche ou d'un plat avec le cresson ciselé • Ajoutez les feuilles de romarin restantes aux saucisses jusqu'à ce qu'elles soient croustillantes, puis ôtez-les du feu

Préparez une sauce en mélangeant la moutarde, le yaourt et le jus de citron avec une pincée de sel et de poivre • Hachez finement la ciboulette, incorporez-en la moitié à la sauce, puis répartissez le reste sur la salade • Égouttez les pâtes (réservez 1 tasse d'eau de cuisson), puis enrobez-les de sauce en la délayant avec un peu d'eau de cuisson si nécessaire • Assaisonnez-les à votre goût et servez-les sur un plateau avec la ciboulette restante, hachez et répartissez les saucisses sur les pâtes et terminez avec un trait de vinaigre balsamique

CARBONARA AU CHORIZO
SALADE CATALANE DU MARCHÉ

POUR 4 | 603 KCAL

Salade
25 g de pignons de pin
1 trévise
1 endive
2 clémentines
100 g de pousses d'épinards
4 brins de menthe fraîche
45 g de manchego
2 cuil. à soupe de vinaigre de xeres
2 cuil. à soupe d'huile d'olive vierge extra
1 cuil. à café de miel liquide

Pâtes
320 g de penne
70 g de chorizo
½ à 1 piment rouge frais
2 brins de romarin frais
4 gousses d'ail
1 cuil. à café d'huile d'olive
1 gros œuf
½ citron
2 cuil. à soupe bombées de yaourt nature 0 %

Sel, poivre

Ingrédients prêts • bouilloire prête • grande poêle, feu moyen • grande casserole avec couvercle, feu fort

COMMENCEZ LA PRÉPARATION

Faites dorer les pignons de pin à la poêle pendant quelques minutes en les remuant régulièrement • Versez les pâtes dans la casserole, recouvrez-les d'eau bouillante salée et faites-les cuire selon les indications de l'emballage • Émincez finement la base de l'endive et détachez les feuilles externes dans un saladier • Épluchez et émincez finement les clémentines, mettez-les dans le saladier avec les pousses d'épinards, puis parsemez-les de menthe ciselée • Ajoutez quelques copeaux de manchego et les pignons chauds, puis remettez la poêle sur feu moyen

Dans une tasse, préparez la sauce en mélangeant le vinaigre, l'huile d'olive vierge extra et le miel, assaisonnez-la à votre goût et réservez • Émincez finement le chorizo, le piment et les feuilles de romarin et faites-les revenir dans la poêle avec l'huile d'olive et une pincée de poivre, puis ajoutez-y l'ail non épluché écrasé au presse-ail et mélangez le tout jusqu'à ce que l'ensemble prenne une couleur légèrement dorée

Fouettez l'œuf, le jus de citron, le yaourt et le reste de manchego finement râpé dans un bol • Égouttez les pâtes en réservant 1 tasse d'eau de cuisson • Mélangez les pâtes dans la poêle contenant le chorizo, ôtez-la du feu et incorporez-y la sauce crémeuse, en l'assouplissant si nécessaire avec un peu d'eau de cuisson, puis assaisonnez le plat à votre goût • Assaisonnez la salade et mélangez-la, puis servez-la avec les pâtes

PENNE D'HIVER À LA COURGE
SALADE À LA MENTHE & À L'AVOCAT

POUR 4 | 635 KCAL

Pâtes
1 cube de bouillon de légumes
1 courge butternut (extrémité seulement)
1 oignon
1 cuil. à café de graines de fenouil
1 petit piment rouge séché
½ bouquet de sauge fraîche
400 g de pois chiches en conserve
320 g de penne
20 g de parmesan + en accompagnement
½ bouquet de persil plat frais

Salade
3 tomates mûres
½ concombre
4 tiges de ciboule
2 petites sucrines
½ bouquet de menthe fraîche
1 avocat mûr
2 cuil. à soupe d'huile d'olive vierge extra
2 cuil. à soupe de vinaigre balsamique
20 g de feta

Sel, poivre

Ingrédients prêts • bouilloire prête • robot, lame couteau • cocotte avec couvercle, feu moyen • grande casserole avec couvercle, feu fort • mixeur plongeant

COMMENCEZ LA PRÉPARATION

Préparez 50 cl de bouillon chaud avec le cube, puis faites bouillir une nouvelle quantité d'eau • Coupez la tige de la courge, hachez grossièrement la partie supérieure (ne l'épluchez pas et gardez la partie contenant les graines pour une autre utilisation), puis mixez-la au robot avec l'oignon épluché, les graines de fenouil, le piment séché et les feuilles de sauge • Versez le mélange dans la cocotte, incorporez le bouillon, les pois chiches et leur jus, puis couvrez et faites cuire en remuant régulièrement

Versez les pâtes dans la casserole, recouvrez-les d'eau bouillante salée et faites-les cuire selon les indications de l'emballage • Sur une grande planche, hachez et mélangez les tomates, le concombre, la ciboule nettoyée, la salade et les feuilles de menthe • Répartissez dessus des dés d'avocat • Assaisonnez d'huile d'olive extra vierge, de vinaigre balsamique, de sel et de poivre et émiettez la feta par-dessus

Avec un mixeur plongeant, mixez la sauce à votre goût, assaisonnez-la et incorporez-y le parmesan finement râpé • Égouttez les pâtes, enrobez-les de sauce et assaisonnez-les à votre goût • Servez-les avec du persil haché et un peu de parmesan râpé

SPAGHETTIS SIMPLES

SALADE CRÉMEUSE TOMATES-BASILIC

POUR 4 | 553 KCAL

Pâtes
320 g de spaghettis
300 g de brocolis nains (bimi)
½ à 1 piment rouge frais
8 filets d'anchois
4 gousses d'ail
2 brins de romarin frais
Le jus de 1 citron
Parmesan (facultatif)
4 cuil. à soupe d'huile d'olive

Salade
500 g de tomates mûres de couleurs différentes
Quelques brins de basilic frais
1 cuil. à soupe d'huile d'olive vierge extra
1 cuil. à soupe de vinaigre balsamique
1 citron
125 g de *cottage cheese* allégé

Sel, poivre

Ingrédients prêts • bouilloire prête • grande casserole avec couvercle, feu fort • grand plat à rôtir, feu doux

COMMENCEZ LA PRÉPARATION

Déposez les pâtes dans la grande casserole, recouvrez-les d'eau bouillante salée et faites-les cuire selon les indications de l'emballage • Hachez grossièrement les tomates et placez-les dans un saladier • Ajoutez la majorité du basilic déchiré, l'huile d'olive vierge extra et le vinaigre balsamique, puis mélangez et assaisonnez à votre goût • Râpez le zeste du citron dans un joli petit bol, puis pressez-y la moitié du jus • Incorporez le *cottage cheese* puis versez le tout sur la salade de tomates et déposez dessus quelques feuilles de basilic

Nettoyez les brocolis, découpez les tiges dans la longueur, puis émincez finement le piment • Sur feu moyen à fort, versez l'huile dans le plat, ajoutez-y le piment et les anchois • Incorporez l'ail non épluché écrasé au presse-ail, les feuilles de romarin puis les brocolis et un peu d'eau de cuisson des pâtes • Remuez avec des pinces pour bien mélanger tous les ingrédients

Égouttez les pâtes (réservez 1 tasse d'eau de cuisson), puis mélangez les pâtes et les légumes, versez le jus de citron et suffisamment d'eau de cuisson pour rendre le plat brillant • Assaisonnez les pâtes à votre goût et servez-les avec du parmesan, si vous le souhaitez, et la salade de tomates au basilic en accompagnement

GNOCCHIS À LA SAUCISSE
SALADE TIÈDE DE LÉGUMES

POUR 4 | 526 KCAL

Gnocchis

4 saucisses épicées (au moins 80 % de viande)
2 cuil. à café de graines de fenouil
2 brins de romarin frais
12,5 cl de chianti
200 g de brocolis nains (bimi)
700 g de *passata*
400 g de gnocchis
2 cuil. à soupe de yaourt nature 0 %

Légumes

2 tranches de poitrine fumée
40 g de noisettes émondées
1 cuil. à café de sirop d'érable ou de miel liquide
200 g de haricots verts fins
300 g de légumes verts (kale, blettes, chou frisé et choux de Bruxelles)
1 cuil. à café d'huile d'olive
1 ½ cuil. à soupe d'huile d'olive vierge extra
1 ½ cuil. à soupe de vinaigre de xeres

Sel, poivre

Ingrédients prêts • bouilloire prête • grande cocotte, feu fort • petite poêle, feu fort • grande casserole avec couvercle, feu fort • robot, disque à émincer fin

COMMENCEZ LA PRÉPARATION

Pressez le contenu des saucisses hors du boyau et faites-les revenir dans la cocotte avec les graines de fenouil et les feuilles de romarin (jetez les boyaux) • Séparez les amas de viande en remuant régulièrement • Émincez finement la poitrine fumée, et faites-la cuire dans une petite poêle avec l'huile d'olive et les noisettes jusqu'à ce qu'elles soient dorées, puis versez le sirop d'érable ou le miel et ôtez du feu

Alignez les haricots et éboutez-les, puis faites-les cuire à couvert dans la grande casserole en les recouvrant d'eau bouillante salée • Prolongez la cuisson de 4 min, puis ajoutez le chou en déchirant les plus grosses feuilles • Versez le vin dans la cocotte contenant les saucisses et faites-le réduire tout en surveillant la cuisson des haricots et du chou • Lorsqu'ils sont prêts, égouttez-les dans une passoire avec une écumoire et gardez la casserole d'eau sur le feu • Découpez les pointes de brocolis et ajoutez-les aux saucisses, avec les tiges émincées et la *passata*

Déposez les gnocchis dans la casserole d'eau et couvrez • Dans un bol, mélangez l'huile d'olive vierge extra, le vinaigre et une pincée de sel et de poivre, versez-y les légumes égouttés et enrobez-les de sauce, puis parsemez-les de noisettes torréfiées et de poitrine fumée • Lorsque les gnocchis remontent à la surface, égouttez-les et enrobez-les de sauce • Assaisonnez-les à votre goût et servez-les dans la casserole ou dans un joli plat, avec quelques touches de yaourt

POULET CHASSEUR
SPAGHETTIS & SAUCE TOMATE FUMÉE

POUR 4 | 613 KCAL

Ingrédients prêts • bouilloire prête • grande poêle, feu moyen • grande casserole avec couvercle, feu moyen

Poulet & sauce
4 cuisses de poulet désossées sans la peau
2 cuil. à soupe d'huile d'olive
125 g de pleurotes
125 g de champignons de Paris bruns
4 tranches de pancetta fumée
2 à 3 brins de romarin frais
2 filets d'anchois
2 poivrons rouges en conserve
1 petite poignée d'olives noires
2 gousses d'ail
1 piment rouge frais
6 cl de chianti
700 g de *passata*
1 bouquet de basilic frais

Pâtes
320 g de spaghettis complets
30 g de parmesan

Sel, poivre

COMMENCEZ LA PRÉPARATION

Découpez le poulet en morceaux de 1 cm, puis faites-les revenir dans la grande poêle avec l'huile et une pincée de sel et de poivre • Hachez grossièrement les champignons, émincez finement la pancetta et ajoutez-les dans la poêle avec les feuilles de romarin, les anchois et les poivrons découpés • Dénoyautez et cassez les olives, incorporez-les au poulet, puis prolongez la cuisson sur feu moyen à fort en remuant régulièrement jusqu'à ce que la viande soit dorée

Déposez les pâtes dans la grande casserole, recouvrez-les d'eau bouillante salée et faites-les cuire selon les consignes sur l'emballage • Ajoutez l'ail non épluché écrasé au presse-ail au poulet • Émincez finement le piment et intégrez-le à la préparation avec le vin et la *passata*, puis assaisonnez à votre goût • Incorporez enfin la majorité des feuilles de basilic

Râpez finement le parmesan • Égouttez les pâtes (réservez 1 tasse d'eau de cuisson), puis déposez-les dans un plat et recouvrez-les de sauce • Parsemez-les des feuilles de basilic restantes et de parmesan râpé • Mélangez le tout en assouplissant la sauce avec un peu d'eau de cuisson si nécessaire et servez

FETTUCCINE

TRUITE FUMÉE, ASPERGES & PETITS POIS

POUR 4 | 687 KCAL

Pâtes
1 petite botte de ciboule
300 g d'asperges
300 g de petits pois surgelés
1 gros bouquet de menthe fraîche
1 cuil. à soupe de farine T 55
50 cl de lait demi-écrémé
2 cuil. à soupe d'huile d'olive
320 g de fettuccine
250 g de truite fumée
Parmesan, en accompagnement

Salade
1 trévise
1 endive
1 petite sucrine
Quelques brins d'estragon frais
2 cuil. à café bombées de moutarde de Dijon
1 cuil. à café bombée de miel liquide
1 cuil. à soupe d'huile d'olive vierge extra
Le jus de 1 citron
1 cuil. à soupe bombée de yaourt nature 0 %

Sel, poivre

Ingrédients prêts • bouilloire prête • poêle moyenne, feu fort • grande casserole avec couvercle, feu fort • mixeur plongeant

COMMENCEZ LA PRÉPARATION

Émincez grossièrement la ciboule nettoyée et les asperges, réservez les pointes entières, et faites-les cuire dans la poêle moyenne avec l'huile d'olive et les petits pois • Hachez grossièrement la majorité des feuilles de menthe et ajoutez-les à la poêle • Incorporez-y la farine, le lait et portez à ébullition puis laissez frémir la sauce • Déposez les pâtes dans la grande casserole, recouvrez-les d'eau bouillante salée et faites-les cuire selon les indications de l'emballage

Découpez l'endive, la trévise et la laitue en longs quartiers fins et disposez-les dans un saladier • Ajoutez-y l'estragon et les feuilles de menthe restantes • Dans un petit bol, mélangez la moutarde et le miel, l'huile d'olive vierge extra, la moitié du jus de citron et le yaourt, et assaisonnez à votre goût

Avec le mixeur plongeant, mixez la sauce aux asperges pour qu'elle soit relativement lisse • Sur feu doux, émiettez la truite dans la sauce, ajoutez les pointes d'asperges et laissez frémir pendant quelques minutes, puis versez le jus de citron restant et assaisonnez à votre goût • Égouttez les pâtes (réservez 1 tasse d'eau de cuisson), puis enrobez-les de sauce en l'assouplissant avec de l'eau de cuisson si nécessaire • Servez sans attendre avec du parmesan et la salade que vous assaisonnerez à table

PÂTES AU POULET
SAUCE AUX 6 LÉGUMES ET AUX HERBES

POUR 4 | 620 KCAL

Sauce ragù
1 gros poireau
1 branche de céleri
1 carotte
1 courgette
3 poivrons rouges en conserve
8 brins de thym frais
700 g de *passata*

Pâtes
320 g de fusillis complets
2 blancs de poulet de 150 g sans la peau
3 tranches de poitrine fumée
½ piment rouge frais
4 gousses d'ail
2 brins de romarin frais
2 feuilles de laurier frais
1 cuil. à soupe de pignons de pin
Vinaigre balsamique
Parmesan, en accompagnement

Huile d'olive
Sel, poivre

Ingrédients prêts • bouilloire prête • robot, lame couteau • grande cocotte, feu fort • grande casserole avec couvercle, feu moyen • poêle moyenne, feu fort

COMMENCEZ LA PRÉPARATION

Coupez le poireau dans la longueur, rincez-le à l'eau du robinet puis émincez-le finement au robot avec le céleri nettoyé et la carotte, la courgette et les poivrons • Versez les légumes dans la cocotte et faites-les cuire avec 1 cuil. à soupe d'huile, les feuilles de thym, une pincée de sel et de poivre, et remuez régulièrement • Versez les pâtes dans la grande casserole, recouvrez-les d'eau bouillante salée et faites-les cuire selon les indications de l'emballage

Coupez le poulet en dés de 2 cm et faites-les revenir à la poêle avec 1 cuil. à soupe d'huile et une pincée de sel et de poivre, en remuant régulièrement jusqu'à ce qu'il soit doré et bien cuit • Incorporez la *passata* aux légumes et laissez cuire la sauce à frémissement • Émincez finement la poitrine fumée et le piment et intégrez-les au poulet avec l'ail non épluché écrasé au presse-ail • Ajoutez les feuilles de romarin et de laurier, les pignons et faites-les revenir 1 à 2 min jusqu'à ce que la poitrine fumée soit dorée, puis arrosez d'un trait de vinaigre balsamique

Assaisonnez la sauce, égouttez les pâtes (réservez 1 tasse d'eau de cuisson), puis enrobez-les de sauce en l'assouplissant avec l'eau si nécessaire et présentez-les dans un joli plat • Recouvrez les pâtes de poulet et de poitrine fumée et servez-les avec un peu de parmesan râpé

PÂTES AU BROCOLI
SALADE HACHÉE DU JARDIN

POUR 4 | 644 KCAL

Ingrédients prêts • bouilloire prête • grande cocotte avec couvercle, feu fort • mixeur • petite poêle, feu doux

Pâtes

320 g d'orecchiette
1 bouquet de basilic frais
50 g de filets d'anchois à l'huile en conserve
1 citron
2 gousses d'ail
1 piment rouge séché
30 g de parmesan + en accompagnement
1 gros brocoli
50 g de pignons de pin

Salade

2 carottes
1 avocat mûr
3 tomates mûres de couleurs différentes
2 cuil. à soupe d'huile d'olive vierge extra
2 cuil. à soupe de vinaigre balsamique
70 g de roquette

Sel, poivre

COMMENCEZ LA PRÉPARATION

Versez les pâtes dans la cocotte, recouvrez-les d'eau bouillante salée et faites-les cuire selon les indications de l'emballage • Dans le mixeur, déposez le basilic, les anchois et 1 cuil. à soupe de leur huile, le zeste et le jus du citron et un peu d'eau bouillante • Ajoutez l'ail non épluché écrasé au presse-ail, le piment séché émietté, le parmesan finement râpé, mixez jusqu'à obtention d'une sauce homogène et versez-la dans un grand saladier • Découpez le brocoli en fleurettes, ajoutez-les aux pâtes et couvrez

Râpez grossièrement la tige de brocoli et la carotte sur une planche • Répartissez dessus l'avocat coupé en allumettes et les tomates grossièrement hachées • Assaisonnez la salade de sel, de poivre, d'huile d'olive vierge extra et de vinaigre balsamique • Ajoutez-y la roquette et mélangez les ingrédients

Faites légèrement dorer les pignons de pin à la poêle sur feu moyen • Égouttez les pâtes et le brocoli (réservez 1 tasse d'eau de cuisson), puis déposez-les dans le saladier de sauce • Mélangez-les en assouplissant la sauce avec un peu d'eau de cuisson si nécessaire • Servez les pâtes dans un plat avec un peu de parmesan râpé, parsemez-les de pignons torréfiés et servez

LINGUINE AUX CREVETTES
SALADE SICILIENNE AU FENOUIL

POUR 4 | 562 KCAL

Chapelure
2 tranches de pain de campagne (60 g)
2 gousses d'ail

Pâtes
320 g de linguine
1 piment rouge frais
4 filets d'anchois
1 bonne pincée de cannelle moulue
1 pincée de safran
360 g de crevettes crues décortiquées
2 gousses d'ail
500 g de *passata*
Le jus de 1 citron
30 g de parmesan
Quelques brins de basilic frais

Salade
1 bulbe de fenouil
½ cœur de céleri-branche
1 bouquet de menthe fraîche
1 citron

Huile d'olive vierge extra
Sel, poivre

Ingrédients prêts • bouilloire prête • robot, lame couteau et disque à émincer fin • grande poêle antiadhésive, feu moyen à fort • grande casserole avec couvercle, feu moyen

COMMENCEZ LA PRÉPARATION

Au robot, mixez le pain et l'ail épluché avec 1 cuil. à soupe d'huile jusqu'à obtention d'une chapelure • Faites-la dorer dans la grande poêle en remuant régulièrement • Déposez les pâtes dans la grande casserole, recouvrez-les d'eau bouillante salée et faites-les cuire selon les indications de l'emballage • Placez le disque à émincer dans le robot et émincez le fenouil coupé en deux, le céleri nettoyé, les feuilles de menthe et le citron entier • Placez-les dans un saladier et assaisonnez-les avec 1 cuil. à soupe d'huile d'olive et une pincée de sel et de poivre

Placez la chapelure dans un petit bol et remettez la poêle sur feu doux • Émincez finement le piment et déposez-le dans la poêle avec les anchois et un peu de leur huile, la cannelle, le safran et les crevettes, puis augmentez le feu • Incorporez l'ail non épluché écrasé au presse-ail, la *passata* et portez la sauce à ébullition

Versez le jus de citron dans la poêle, puis mélangez les spaghettis dans la sauce à l'aide de pinces • Râpez finement un peu de parmesan dans la sauce, enrobez-en les pâtes puis assaisonnez-les à votre goût • Transférez les pâtes dans un plat, assouplissez un peu la sauce avec de l'eau de cuisson si nécessaire, décorez de feuilles de basilic et servez avec la chapelure et la salade en accompagnement

FARFALLE AUX CHAMPIGNONS
SALADE DE BLEU, NOISETTES & POMMES

POUR 4 | 586 KCAL

Pâtes
25 g de cèpes séchés
2 à 4 gousses d'ail
½ piment rouge séché
250 g de champignons de Paris bruns
6 brins de thym frais
2 cuil. à soupe d'huile d'olive
320 g de farfalle
1 cuil. à café d'huile à la truffe
½ bouquet de persil plat frais
150 g de *cottage cheese* allégé

Salade
50 g de noisettes émondées
200 g de pousses d'épinards
1 pomme
40 g de bleu
1 cuil. à café d'huile d'olive vierge extra

1 citron
Sel, poivre

Ingrédients prêts • bouilloire prête • grande poêle, feu moyen à fort • grande casserole avec couvercle, feu fort • petite poêle, feu moyen • robot, lame couteau

COMMENCEZ LA PRÉPARATION

Déposez les cèpes dans un bol et recouvrez-les d'eau bouillante • Versez l'huile d'olive dans la grande poêle, ajoutez-y l'ail non épluché écrasé au presse-ail, le piment séché émietté et les champignons découpés • Incorporez ensuite les feuilles de thym, les cèpes réhydratés et faites revenir le tout pendant quelques minutes en remuant • Versez les pâtes dans la grande casserole, recouvrez-les d'eau bouillante salée et faites-les cuire selon les consignes de l'emballage

Faites dorer les noisettes dans la petite poêle en les remuant régulièrement • Déposez les épinards dans un saladier, râpez grossièrement ou découpez la pomme en allumettes, puis émiettez le fromage par-dessus • Concassez les noisettes dans un mortier, puis parsemez-en la salade • Mixez les champignons au robot en une sauce lisse, versez-la dans la poêle avec 3 petites louches d'eau de cuisson des pâtes et l'huile à la truffe, puis assaisonnez-la et faites-la cuire doucement à frémissement

Égouttez les pâtes (réservez 1 tasse d'eau de cuisson), puis enrobez-les de sauce en l'assouplissant avec l'eau de cuisson si nécessaire • Râpez finement le zeste de citron au-dessus, incorporez la majorité du persil finement haché et le *cottage cheese*, puis mélangez le tout et servez immédiatement • Assaisonnez la salade d'huile d'olive vierge extra, de jus de citron et servez-la en accompagnement

THON *SALSA VERDE*

SALADE SICILIENNE TOMATES & PÂTES

POUR 4 | 651 KCAL

Ingrédients prêts • bouilloire prête • grande casserole avec couvercle, feu fort • robot, lame couteau • grande poêle, feu moyen

Pâtes & thon

320 g de conchiglie
8 olives noires
400 g de tomates de couleurs différentes
4 poivrons rouges en conserve
70 g de roquette
4 steaks de thon albacore de 120 g
1 cuil. à café d'origan séché
1 cuil. à café de graines de fenouil
1 cuil. à soupe d'huile d'olive
1 piment rouge frais
20 g de parmesan
1 citron

Salsa verde

1 gros bouquet de menthe fraîche
1 gros bouquet de persil plat frais
Le jus de 1 citron
2 filets d'anchois
2 cuil. à café de câpres (égouttées)
1 gousse d'ail
4 cuil. à soupe d'huile d'olive vierge extra
1 cuil. à café bombée de moutarde de Dijon
1 cuil. à soupe de vinaigre de vin blanc

Sel, poivre

COMMENCEZ LA PRÉPARATION

Déposez les pâtes dans la grande casserole, recouvrez-les d'eau bouillante salée et faites-les cuire selon les indications de l'emballage • Hachez les feuilles de menthe et de persil au robot, ajoutez-y le jus de citron et tous les autres ingrédients de la *salsa verde* (épluchez l'ail) et mixez-les finement, puis assaisonnez-les à votre goût, assouplissez le mélange avec 2 cuil. à soupe d'eau et réservez-le

Dénoyautez et cassez les olives, découpez grossièrement les tomates et les poivrons et placez-les dans un grand saladier, puis ajoutez-y la roquette grossièrement hachée • Enrobez le thon de sel, de poivre, d'origan, de graines de fenouil et d'huile d'olive, et faites-le cuire à la poêle pendant 1 ½ min de chaque côté, le poisson doit être rosé à cœur

Égouttez les pâtes (réservez 1 tasse d'eau de cuisson), versez-les sur les tomates, incorporez-y la moitié de la *salsa verde* en assouplissant avec un peu d'eau de cuisson si nécessaire, puis dressez-les dans un joli plat • Déposez le thon dessus, ajoutez le reste de salsa verde, parsemez de piment rouge finement émincé et de quelques copeaux de parmesan réalisés avec un économe puis servez avec des quartiers de citron

SPAGHETTIS AU PESTO
POISSON VAPEUR AU CITRON

POUR 4 | 649 KCAL

Poisson
200 g de noix de Saint-Jacques
400 g de filets de poisson blanc, écaillés et désarêtés
1 cuil. à soupe d'huile d'olive
1 citron
½ piment rouge séché

Pâtes
320 g de spaghettis
75 g d'amandes émondées
1 gros bouquet de basilic frais
1 gousse d'ail
2 cuil. à soupe d'huile d'olive vierge extra
Le jus de 1 citron
50 g de parmesan
200 g de haricots verts
200 g de brocoli

Sel, poivre

Ingrédients prêts • bouilloire prête • wok ou grande poêle, feu moyen • grande casserole avec couvercle, feu moyen • robot, lame couteau • 2 paniers vapeur en bambou de 25 cm de diamètre

COMMENCEZ LA PRÉPARATION

Entaillez les saint-jacques en profondeur sur l'une des faces • Versez 2,5 cm d'eau bouillante dans le wok ou la poêle • Versez l'eau restante dans la casserole, ajoutez-y les spaghettis et une pincée de sel et faites cuire selon les indications de l'emballage • Placez les amandes dans le robot, avec la majorité des feuilles de basilic et l'ail non épluché écrasé au presse-ail • Ajoutez-y l'huile d'olive vierge extra, le parmesan et la moitié du jus de citron puis mixez, assaisonnez à votre goût et vérifiez l'équilibre des saveurs • Le pesto doit être franc et rafraîchissant

Alignez les haricots, éboutez-les, puis ajoutez-les aux pâtes • Placez l'un des paniers vapeur sur le wok et déposez-y le brocoli nettoyé, recouvrez du second panier • Salez et poivrez le poisson et les saint-jacques et disposez-les dans le second panier • Assaisonnez-les d'huile d'olive, le zeste finement râpé du citron et la moitié de son jus, puis émiettez le piment par-dessus et fermez le panier

Égouttez les pâtes et les haricots verts (réservez 1 tasse d'eau de cuisson), puis remettez-les dans la casserole • Versez-y le pesto et mélangez le tout en assouplissant la sauce avec un peu d'eau de cuisson jusqu'à ce qu'elle soit onctueuse • Arrosez de jus de citron à votre goût, puis servez les pâtes dans un saladier avec le brocoli • Décorez avec les feuilles de basilic restantes et servez avec le poisson cuit à la vapeur

SOUPES & SANDWICHS

SOUPE MEXICAINE À LA TOMATE
NACHOS PIMENTÉS, LÉGUMES & FETA

POUR 4 | 642 KCAL

Soupe
1 petite botte de ciboule
1 bouquet de coriandre fraîche
4 gousses d'ail
100 g de riz basmati
450 g de poivrons rouges en bocal
800 g de tomates concassées en conserve
2 cuil. à soupe d'huile d'olive
25 cl de yaourt nature 0 %
2 cuil. à café de piments jalapeño marinés
½ bouquet de menthe fraîche
2 citrons verts

Garniture
1 poignée de tomates cerise
1 avocat mûr
30 g de feta

Nachos
2 à 3 piments rouges et verts frais
175 g de chips tortillas allégées en sel
50 g de cheddar

Ingrédients prêts • bouilloire prête • gril du four fort • grande casserole avec couvercle, feu fort • mixeur plongeant

COMMENCEZ LA PRÉPARATION

Nettoyez et émincez finement la ciboule (gardez-en pour la garniture) et faites-la revenir à la poêle avec l'huile • Ajoutez-y les tiges de coriandre découpées (gardez les feuilles), l'ail non épluché écrasé au presse-ail, le riz, les poivrons égouttés et les tomates concassées • Versez 85 cl d'eau bouillante, salez et faites cuire à couvert

Découpez les tomates cerise en quartiers, coupez l'avocat en deux et placez-les sur une planche avec la ciboule restante, les feuilles de coriandre et la feta • Émincez finement les piments et placez-en la moitié sur la planche • Étalez les tortillas dans un plat à four, recouvrez-les de cheddar râpé et des piments restants, puis faites-les dorer au gril en haut du four jusqu'à ce que le fromage soit fondu

Dans un bol, mixez le yaourt, les piments jalapeño avec un trait de leur vinaigre et les feuilles de menthe jusqu'à obtention d'une préparation homogène • Avec le mixeur plongeant, mixez la soupe jusqu'à ce qu'elle soit lisse, ajoutez-y le jus de ½ citron vert, assaisonnez-la à votre goût et dégustez-la épaisse ou diluée avec un peu d'eau • Dessinez dessus des traits de yaourt pimenté et servez-la avec les nachos, la garniture et des quartiers de citron vert

MINESTRONE
POULET POCHÉ & *SALSA VERDE*

POUR 4 | 608 KCAL

Ingrédients prêts • bouilloire prête • grande cocotte avec couvercle, feu moyen • robot, disque à émincer épais et lame couteau

Poulet & soupe

6 tranches de pancetta fumée
2 brins de romarin frais
2 petites carottes ; 1 oignon rouge
2 branches de céleri
2 cubes de bouillon de volaille
½ brocoli ; ½ chou-fleur
100 g de riz basmati
100 g de macaronis
2 blancs de poulet de 150 g sans la peau
1 poignée de fèves surgelées
1 poignée de petits pois surgelés
200 g de pousses d'épinards
2 cuil. à soupe d'huile d'olive
Parmesan, en accompagnement

Salsa verde

1 bouquet d'estragon ou de persil plat frais
1 bouquet de menthe fraîche
2 filets d'anchois
1 cuil. à soupe de cornichons
1 cuil. à soupe de câpres
1 cuil. à café de moutarde
1 gousse d'ail
3 cuil. à soupe d'huile d'olive vierge extra
1 cuil. à soupe de vinaigre de cidre
Sel, poivre

COMMENCEZ LA PRÉPARATION

Émincez finement la pancetta et placez-la dans la cocotte avec l'huile d'olive et les feuilles de romarin, faites-la revenir jusqu'à ce qu'elle soit croustillante, déposez le tout dans un bol et gardez la matière grasse dans la cocotte • Ôtez-la du feu • Au robot, émincez les carottes nettoyées, le céleri et l'oignon épluché puis mettez-les dans la cocotte • Faites-les revenir sur feu fort en ajoutant du sel, du poivre et les cubes de bouillon émiettés • Au robot, émincez les tiges de brocoli (gardez les fleurettes) et le chou-fleur et ajoutez-les dans la cocotte avec le riz et les macaronis, puis recouvrez de 1,5 l d'eau bouillante et faites cuire à couvert

Sur une planche en plastique, écrasez la partie la plus épaisse des blancs de poulet avec un rouleau à pâtisserie pour leur donner une épaisseur uniforme, puis intégrez-les dans la cocotte et couvrez • Placez la lame couteau dans le robot • Déposez-y l'estragon ou le persil, les feuilles de menthe, les anchois, les cornichons, les câpres, la moutarde, l'ail non épluché écrasé au presse-ail et mixez finement • Versez cette sauce dans un bol, incorporez-y 1 cuil. à soupe de bouillon, l'huile d'olive vierge extra et le vinaigre, assouplissez-la avec un peu de bouillon si nécessaire

Au bout de 8 min, retirez le poulet cuit et ajoutez à la soupe les fleurettes de brocoli, les fèves, les petits pois et les épinards, couvrez • Versez la *salsa verde* dans un plat, émincez les blancs de poulet puis disposez-les sur la salsa, recouvrez-les de pancetta croustillante et de romarin • Rajoutez de l'eau bouillante à la soupe si vous préférez qu'elle soit plus claire puis servez-la avec quelques copeaux de parmesan et mélangez le tout à table

SOUPE AUX CHAMPIGNONS

CROÛTONS AU STILTON, POMMES & NOIX

POUR 4 | 405 KCAL

Ingrédients prêts • bouilloire prête • gril du four fort • grande casserole avec couvercle, feu moyen • gril, feu fort • mixeur plongeant

Soupe

2 oignons
1 cube de bouillon de volaille ou de légumes
½ bouquet de thym frais
2 gousses d'ail
4 gros champignons de couche (portobello)
100 g de riz basmati
2 cuil. à soupe d'huile d'olive
1 cuil. à soupe de crème légère
1 cuil. à café d'huile à la truffe

Croûtons

8 champignons de couche bruns
1 ciabatta
1 gousse d'ail
1 pomme
½ bouquet de persil frisé frais
Le jus de 1 citron
50 g de stilton
1 petite poignée de noix décortiquées

Sel, poivre

COMMENCEZ LA PRÉPARATION

Épluchez et émincez finement les oignons et faites-les revenir dans la grande casserole avec l'huile d'olive • Émiettez-y le cube de bouillon, ajoutez une pincée de sel et de poivre, les feuilles de thym et l'ail non épluché écrasé au presse-ail • Découpez les pieds des champignons bruns et faites griller les parties supérieures en les retournant à mi-cuisson • Coupez les pieds des champignons bruns et des gros champignons et ajoutez-les aux oignons, incorporez le riz et faites cuire le tout pendant quelques minutes • Versez ensuite 1 l d'eau bouillante et portez à ébullition, à couvert

Découpez 4 tranches de ciabatta en biais et déposez-les sur le gril • Lorsqu'elles sont grillées des deux côtés, frottez-les avec ½ gousse d'ail • Râpez grossièrement la pomme ou découpez-la en allumettes et mélangez-la au persil grossièrement haché avec un peu de jus de citron • Déposez les petits champignons sur les toasts, émiettez le stilton par-dessus et répartissez les noix, puis placez les croûtons sous le gril pour faire fondre le fromage

Avec le mixeur plongeant, mixez la soupe à la consistance souhaitée, rectifiez l'assaisonnement et dessinez des traits de crème et d'huile à la truffe à sa surface • Déposez des allumettes de pomme et le persil sur les croûtons et servez-les avec la soupe

SOUPE À LA COURGE
BOULETTES DE MARRONS À LA SAUGE

POUR 4 | 484 KCAL

Soupe

1 bouquet de ciboule
Quelques brins de romarin frais
1 piment rouge frais
1 cube de bouillon de volaille
1 courge butternut moyenne (partie supérieure seulement)
3 carottes
400 g de pois chiches en conserve

Boulettes

100 g de marrons sous vide
100 g de farine à levure incorporée + à saupoudrer
1 cube de bouillon de volaille
8 tranches de pancetta fumée
10 feuilles de sauge fraîche
1 noix muscade, à râper
30 g de cheddar (facultatif)

Huile d'olive
Sel, poivre

Ingrédients prêts • bouilloire prête • robot, lame couteau • grande cocotte avec couvercle, feu moyen • grande casserole avec couvercle, feu fort • mixeur plongeant

COMMENCEZ LA PRÉPARATION

Nettoyez la ciboule et mixez-la finement au robot avec les feuilles de romarin, le piment et le cube de bouillon, puis faites-les revenir dans la cocotte avec 1 cuil. à soupe d'huile • Découpez la partie supérieure de la courge, retirez la tige, puis taillez-la en quartiers (ne l'épluchez pas et conservez la partie contenant les graines pour une autre utilisation) • Au robot, mixez finement la courge avec les carottes nettoyées • Intégrez-les dans la cocotte avec les pois chiches, leur eau et 1 l d'eau bouillante • Couvrez et faites-les cuire sur feu fort • Portez une nouvelle quantité d'eau à ébullition

Au robot, mixez les marrons, la farine, le cube de bouillon et une pincée de poivre • Versez progressivement 10 cl d'eau froide jusqu'à obtention d'une boule de pâte ferme • Divisez la pâte en deux et façonnez 2 boudins sur un plan de travail fariné, puis coupez-les en tronçons de 2 cm • Remplissez la grande casserole d'eau bouillante, déposez-y les boulettes, couvrez et laissez frémir sur feu moyen 6 min environ, jusqu'à ce qu'elles commencent à gonfler

Avec le mixeur plongeant, mixez la soupe jusqu'à ce qu'elle soit lisse, puis assaisonnez-la à votre goût et gardez-la sur le feu à frémissement jusqu'au moment de servir • Faites revenir la pancetta dans un plat à rôtir profond avec 1 cuil. à soupe d'huile sur feu fort • Lorsqu'elle commence à croustiller, ajoutez les feuilles de sauge • Récupérez les boulettes avec une écumoire, mélangez-les à la pancetta croustillante et à la sauge, puis ajoutez un peu de noix muscade finement râpée et du cheddar si vous le souhaitez

BLT MEXICAIN
PIMENT, GUACAMOLE & SALADE

POUR 4 | 638 KCAL

Sandwich BLT
4 tranches de pancetta fumée
2 blancs de poulet de 180 g sans la peau
1 pincée d'origan séché
1 pincée de graines de cumin
1 baguette

Salade
1 petite sucrine
1 botte de radis
1 botte de cresson
40 g de feta
2 cuil. à soupe de vinaigre de vin rouge
2 cuil. à soupe d'huile d'olive vierge extra
8 piments verts marinés

Guacamole
½ bouquet de coriandre fraîche
1 piment rouge frais
4 tiges de ciboule
2 avocats mûrs
5 tomates cerise mûres
2 citrons verts

Sel, poivre

Ingrédients prêts • four à 130 °C (th. 4-5) • poêle moyenne, feu moyen à fort • robot, lame couteau

COMMENCEZ LA PRÉPARATION

Faites frire la pancetta dans la poêle et retirez-la du feu lorsqu'elle est dorée • Sur une grande feuille de papier sulfurisé, enrobez le poulet de sel, de poivre, d'origan et de cumin • Repliez la feuille et aplatissez le poulet sur environ 1,5 cm d'épaisseur avec un rouleau à pâtisserie • Déposez le poulet dans la poêle, et faites-le cuire en le retournant au bout de 3 à 4 min jusqu'à ce qu'il soit doré • Enfournez la baguette • Découpez la salade en quartiers, coupez les radis en deux et disposez-les sur une planche, puis répartissez dessus le cresson ciselé et la feta émiettée

Dans un petit bol, mélangez le vinaigre, l'huile d'olive vierge extra, une pincée de sel et de poivre et déposez la sauce sur la planche avec les piments marinés • Au robot, mixez finement la majorité de la coriandre, le piment et la ciboule nettoyée • Ajoutez-y la chair d'avocat ainsi que les tomates, le jus de 1 ½ citron vert puis mixez et assaisonnez à votre goût

Réchauffez la pancetta croustillante à la poêle avec le poulet • Sortez le pain du four et coupez-le en deux dans la longueur • Tartinez-le de guacamole, puis déposez 1 quartier de salade, le poulet émincé et la pancetta et imbibez le pain de jus de cuisson, puis parsemez-le des feuilles de coriandre restantes • Servez le sandwich avec des quartiers de citron vert, les piments marinés et la salade que vous assaisonnerez à table

LES MEILLEURS PETITS PAINS AU POISSON
PURÉE DE PETITS POIS & SAUCE TARTARE

POUR 4 | 665 KCAL

Ingrédients prêts • bouilloire prête • four à 130 °C (th. 4-5) • petite casserole avec couvercle, feu fort • grande poêle, feu fort • robot, lame couteau

Petits pains
4 beaux petits pains complets moelleux
4 gros (coupés en deux) ou 8 petits filets de poisson plat d'environ 480 g (carrelet, limande, sole), sans peau ni arêtes
1 pincée de piment de Cayenne
½ tasse de farine T 55
2 cuil. à soupe d'huile d'olive
25 g de parmesan
1 botte de cresson
1 citron

Petits pois
1 pomme de terre moyenne
500 g de petits pois surgelés
½ bouquet de menthe fraîche

Sauce
6 cornichons
1 cuil. à soupe de câpres
1 petite sucrine
250 g de yaourt nature 0 %
¼ de bouquet de persil plat frais
Le jus de 1 citron

Sel, poivre

COMMENCEZ LA PRÉPARATION

Enfournez les petits pains • Coupez la pomme de terre en rondelles de 0,5 cm d'épaisseur, déposez-les dans la petite casserole, recouvrez-les d'eau bouillante et faites-les cuire à ébullition à couvert • Sur une feuille de papier sulfurisé, assaisonnez le poisson de sel, de poivre et de piment de Cayenne, puis enrobez-le de farine

Versez l'huile dans la poêle et faites-y cuire le poisson • Lorsqu'il est doré, ajoutez-y un peu de parmesan râpé au moment de le retourner • Intégrez les petits pois surgelés dans la casserole de pommes de terre, puis les feuilles de menthe et couvrez

Au robot, mélangez les cornichons, les câpres, la salade et le yaourt • Ajoutez-y les feuilles de persil, le jus de citron puis mixez, assaisonnez à votre goût et versez la sauce dans un bol • Égouttez les pommes de terre et les petits pois et mixez-les en purée au robot, puis assaisonnez-les à votre goût • Lorsque le poisson est cuit, sortez les petits pains du four et servez-les avec les petits pois, la sauce tartare, des pincées de cresson et des quartiers de citron

SANDWICH AUX CHAMPIGNONS GRILLÉS
PANCETTA FUMÉE, FROMAGE FONDU & POIRES

POUR 4 | 491 KCAL

Ingrédients prêts • gril du four fort • gril, feu fort • plat à rôtir

Sandwich
1 ciabatta
4 gros champignons de couche (portobello)
50 g d'emmental
½ bouquet de thym frais
½ gousse d'ail
2 poires mûres
8 tranches de pancetta fumée
1 cuil. à café de miel liquide
2 grosses tomates mûres
125 g de *cottage cheese* allégé
½ citron

Salade
1 laitue
1 trévise
100 g de cresson
1 botte de radis
1 poignée de noix décortiquées

Cornichons
1 cuil. à soupe de vinaigre de vin blanc
2 cuil. à soupe d'huile d'olive vierge extra
1 cuil. à café de moutarde de Dijon

Sel, poivre

COMMENCEZ LA PRÉPARATION

Enfournez la ciabatta en bas du four • Coupez et jetez les pieds des champignons, puis faites griller les parties supérieures au gril • Découpez la laitue en quartiers, émincez finement la base de la trévise et détachez-en les feuilles externes, puis placez le tout dans un grand saladier avec le cresson et les radis coupés en deux • Répartissez dessus les noix puis quelques cornichons hachés

Dans un bol, mélangez le vinaigre et l'huile, la moutarde, du sel et du poivre • Déposez les champignons dans un plat à rôtir, puis recouvrez-les d'emmental • Ajoutez-y les feuilles de thym, l'ail non épluché écrasé au presse-ail et placez-les sous le gril du four jusqu'à ce que le fromage soit fondu

Découpez les poires en quartiers et faites-les cuire sur le gril en les retournant lorsqu'elles sont dorées, ajoutez la pancetta pour la faire croustiller, puis versez le miel sur les poires dans les 30 dernières secondes de cuisson • Émincez les tomates • Dans un saladier, mélangez le *cottage cheese* avec le zeste et le jus du ½ citron et une pincée de sel et de poivre • Ouvrez la ciabatta chaude et garnissez-la de tous les accompagnements • Assaisonnez la salade au dernier moment et servez

BRUSCHETTAS EN TAPAS
SARDINES DORÉES

POUR 4 | 780 KCAL

Bruschettas
2 ciabattas
250 g de betteraves cuites sous vide
Vinaigre balsamique
1 bouquet de basilic frais
1 petit bulbe de fenouil
1 citron
Quelques brins de menthe fraîche
½ gousse d'ail
8 tomates cerise mûres
4 tranches de prosciutto

Sardines
8 sardines de 80 g entières, écaillées et vidées
1 pincée de piment de Cayenne

Houmous
400 g de pois chiches en conserve
1 cuil. à café bombée de beurre de cacahuètes
Le jus de 1 citron
1 pincée de graines de cumin
2 à 3 cuil. à soupe de yaourt nature 0 %

Sel, poivre

Ingrédients prêts • four à 200 °C (th. 6-7) • robot, disque à émincer fin et lame couteau • gril, feu fort

COMMENCEZ LA PRÉPARATION

Découpez les bords des ciabattas dans la longueur, puis coupez-les encore en deux dans la longueur et faites-les toaster au four en les retirant lorsqu'ils sont dorés • Dans un saladier profond, écrasez la betterave au presse-purée • Ajoutez un peu de vinaigre balsamique et assaisonnez-la en sel et poivre • Hachez grossièrement la moitié des feuilles de basilic et incorporez-les aux betteraves

Découpez le fenouil en quatre puis émincez-le finement au robot avec ½ citron • Hachez les feuilles de menthe, ajoutez-les au robot, mélangez et assaisonnez à votre goût dans un saladier • Assaisonnez légèrement les sardines de sel, de poivre et de piment de Cayenne puis placez-les sous le gril du four pendant environ 3 min de chaque côté jusqu'à ce qu'elles soient dorées

Placez la lame couteau dans le robot • Versez-y les pois chiches égouttés, le beurre de cacahuètes et le jus de citron • Ajoutez les feuilles de basilic restantes, les graines de cumin et le yaourt puis mixez jusqu'à obtention d'une crème lisse et assaisonnez-la à votre goût • Frottez les toasts avec l'ail et les tomates, puis disposez-les sur une jolie planche avec le prosciutto • Pressez le jus du ½ citron restant sur les sardines, puis servez-les et garnissez les toasts comme vous le souhaitez

LÉGUMES

BURGERS *HAPPY COW*

COLESLAW À L'ANCIENNE & ÉPIS DE MAÏS

POUR 4 | 619 KCAL

Maïs
4 épis de maïs
1 cuil. à café d'huile d'olive vierge extra
Le jus de 1 citron vert
1 pincée de piment de Cayenne

Burgers
1 gros bouquet de coriandre fraîche
400 g de haricots en conserve
200 g de fèves surgelées
½ cuil. à café de piment de Cayenne
½ cuil. à café de cumin moulu
½ cuil. à café de coriandre moulue
1 citron
1 cuil. à soupe de farine T 55 + à saupoudrer
2 cuil. à soupe d'huile d'olive
2 grosses tomates mûres
1 petite sucrine
4 gros cornichons ; 75 g de feta
4 pains à hamburgers
Ketchup, en accompagnement

Coleslaw
½ petit chou blanc et rouge (environ 200 g chacun)
½ oignon rouge
4 cuil. à soupe de yaourt nature 0 %
1 cuil. à café de moutarde en grains
Sel, poivre

Ingrédients prêts • bouilloire prête • four à 130 °C (th. 4-5) • grande casserole avec couvercle, feu moyen • robot, lame couteau et disque à râper épais • grande poêle, feu moyen à fort

COMMENCEZ LA PRÉPARATION

Déposez les épis de maïs dans la casserole, recouvrez-les d'eau bouillante et faites-les cuire à couvert • Dans le bol du robot, placez les tiges de coriandre (réservez les feuilles), les haricots égouttés, les fèves, une pincée de sel et de poivre, les épices, le zeste du citron râpé et la farine • Mixez finement et raclez le bol du robot si nécessaire

Déposez le mélange sur un plan de travail généreusement fariné et divisez-le en quatre, puis façonnez-en des boulettes aplaties de 2,5 cm d'épaisseur, en saupoudrant vos mains et les burgers de farine pendant que vous travaillez • Versez l'huile d'olive dans la poêle et faites-y revenir les burgers, en les pressant avec une spatule et en les retournant lorsqu'ils sont dorés • Émincez les tomates, la salade et les cornichons sur une jolie planche de service et émiettez la feta en tas • Enfournez les pains

Au robot, râpez les choux et l'oignon et placez-les dans un saladier • Hachez les feuilles de coriandre et ajoutez-les à la salade avec le yaourt, la moutarde et le jus du citron, puis mélangez-les bien et assaisonnez à votre goût • Égouttez le maïs, placez-le dans un plat, arrosez-le d'huile d'olive vierge extra et de jus de citron vert et saupoudrez-le d'une pincée de sel et de piment de Cayenne • Sortez les pains du four, coupez-les en deux, tartinez-les de ketchup, déposez-y les burgers et laissez chacun confectionner son propre sandwich

CHILI VÉGÉTARIEN

SALADE DE TORTILLAS CROQUANTES & AVOCAT

POUR 4 | 749 KCAL

Chili et riz
1 piment chipotle
ou ancho fumé séché
½ piment rouge frais
1 oignon rouge
1 cuil. à café de paprika doux fumé
½ cuil. à café de graines de cumin
1 à 2 gousses d'ail
1 gros bouquet de coriandre fraîche
2 cuil. à soupe d'huile d'olive
2 poivrons de couleurs différentes
400 g de pois chiches en conserve
400 g de haricots noirs en conserve
700 g de *passata*
250 g de mélange de riz long
et sauvage cuit

Salade
4 petites tortillas de maïs
2 avocats mûrs
3 cuil. à soupe bombées
de yaourt nature 0 %
+ en accompagnement
Le jus de 2 citrons verts
1 laitue romaine
½ concombre
1 piment rouge frais
1 poignée de tomates cerise mûres

Sel, poivre

Ingrédients prêts • four à 200 °C (th. 6-7) • robot, lame couteau • cocotte avec couvercle, feu fort • mixeur plongeant

COMMENCEZ LA PRÉPARATION

Au robot, mixez finement les piments, l'oignon rouge épluché, le paprika, les graines de cumin et l'ail non épluché écrasé au presse-ail avec les tiges de coriandre (gardez les feuilles) et l'huile • Versez la pâte dans la cocotte, puis ajoutez les poivrons épépinés et grossièrement hachés, les pois chiches et les haricots égouttés, une pincée de sel et de poivre et la *passata*, mélangez bien et faites cuire à couvert • Repliez les tortillas en deux, émincez-les en bandes de 0,5 cm, étalez-les sur une plaque et enfournez-les jusqu'à ce qu'elles soient dorées et croustillantes

Dans un pichet, mixez la majorité des feuilles de coriandre, avec une pincée de sel et de poivre, la moitié de 1 avocat, le yaourt et le jus de citron jusqu'à obtention d'une sauce onctueuse • Rectifiez l'assaisonnement du chili et prolongez la cuisson à découvert • Sortez les tortillas du four, déposez-les dans un saladier et ajoutez-y la salade découpée en gros quartiers • Incorporez des cuillerées de chair d'avocat • Découpez le concombre en lamelles et émincez finement la moitié du piment, répartissez-les sur la salade

Creusez un puits au milieu du chili et versez-y le riz, puis couvrez la cocotte quelques minutes pour le réchauffer • Versez la sauce sur la salade, parsemez-la de feuilles de coriandre, de piment finement émincé et des tomates cerise coupées en deux, puis mélangez le tout • Servez avec des cuillerées de yaourt

WRAPS DE FALAFELS
LÉGUMES GRILLÉS & SALSA

POUR 4 | 602 KCAL

Falafels

400 g de mélange de haricots en conserve
400 g de pois chiches en conserve
1 citron
1 cuil. à soupe de harissa
1 cuil. à café bombée de piment de la Jamaïque
1 cuil. à soupe bombée de farine T 55
1 bouquet de coriandre fraîche
1 cuil. à soupe d'huile d'olive

Légumes

2 poivrons de couleurs différentes
4 tiges de ciboule
8 petites tortillas au blé complet
1 cuil. à soupe de sauce pimentée
250 g de *cottage cheese* allégé
chou rouge mariné (facultatif)

Salsa

1 grosse poignée de tomates de couleurs différentes
½ à 1 piment rouge frais
½ gousse d'ail
Le jus de 1 citron vert

Sel, poivre

Ingrédients prêts • robot, lame couteau • grande poêle, feu moyen • gril, feu fort

COMMENCEZ LA PRÉPARATION

Égouttez les haricots et les pois chiches et placez-les dans le robot • Râpez-y finement le zeste de citron, puis ajoutez une pincée de sel et de poivre, la harissa, le piment, la farine et les tiges de coriandre (réservez les feuilles) • Mixez finement et raclez les bords du bol si nécessaire • Récupérez cette pâte et façonnez-en 8 boulettes de 1,5 cm d'épaisseur avec vos mains propres • Versez l'huile dans la poêle et faites-y cuire les falafels jusqu'à ce qu'ils soient dorés et croustillants

Retirez les pépins et les queues des poivrons, puis coupez-les en petits morceaux de la taille de bouchées et faites-les cuire sur le gril avec la ciboule nettoyée et coupée en deux et une pincée de sel et de poivre, puis retournez-les quand ils sont grillés • Déposez les tomates, le piment et la moitié des feuilles de coriandre dans le bol du robot • Ajoutez-y l'ail non épluché écrasé au presse-ail, le jus de citron vert et mixez finement, puis assaisonnez cette sauce à votre goût et versez-la dans un plat de service

Faites chauffer les tortillas au micro-ondes (800 W) pendant 45 s et dessinez des marbrures de sauce pimentée dans le *cottage cheese* • Pressez le jus de ½ citron sur les légumes grillés, puis servez-les avec les falafels et parsemez le tout de coriandre • Chacun confectionne ses propres wraps, que vous pouvez servir avec du chou rouge mariné

CURRY VÉGÉTARIEN DU KERALA
PAPADUMS, RIZ & YAOURT À LA MENTHE

POUR 4 | 725 KCAL

Ingrédients prêts • bouilloire prête • gril, feu fort • casserole moyenne avec couvercle, feu moyen • grande cocotte, feu doux • robot, lame couteau

Curry
½ chou-fleur
1 cuil. à café bombée de graines de moutarde noire
1 cuil. à café bombée de graines de fenugrec
1 cuil. à café bombée de curcuma
1 petite poignée de feuilles de curry séchées
1 morceau de gingembre de 2 cm
2 gousses d'ail
6 tiges de ciboule
1 piment rouge frais
1 gros bouquet de coriandre fraîche
2 tomates mûres
40 cl de lait de coco allégé
400 g de pois chiches ; 1 citron
227 g d'ananas en conserve
2 cuil. à soupe d'huile de colza

Riz
300 g de riz complet ou basmati (cuit en 10 min)
10 clous de girofle ; ½ citron

En accompagnement
4 *papadums* crus
½ bouquet de menthe fraîche
3 cuil. à soupe de yaourt nature 0 %
Le jus de ½ citron ; sel, poivre

COMMENCEZ LA PRÉPARATION

Ôtez les feuilles externes du chou-fleur puis émincez-le en tranches de 1 cm d'épaisseur et faites-les cuire sur le gril en les retournant lorsqu'elles sont légèrement grillées • Dans la casserole, versez le riz, 2 tasses d'eau bouillante, les clous de girofle, le citron et une pincée de sel et faites-le cuire à couvert • Versez l'huile dans la cocotte puis faites-y griller les graines de moutarde et de fenugrec, le curcuma et les feuilles de curry

Au robot, mixez finement le gingembre et l'ail épluchés, la ciboule nettoyée, le piment et les tiges de coriandre (gardez les feuilles), puis intégrez-les dans la cocotte • Incorporez les tomates grossièrement concassées, le lait de coco, les pois chiches égouttés puis l'ananas en morceaux et son jus • Mettez enfin le chou-fleur grillé, couvrez et portez à ébullition sur feu fort

Faites gonfler les *papadums* crus au micro-ondes (800 W) pendant 1 min • Déchirez les feuilles de menthe et écrasez-les dans un mortier • Mélangez-les avec le yaourt, ajoutez un bon trait de jus de citron, puis salez et poivrez la sauce • Versez le jus de citron restant dans le curry et assaisonnez-le à votre goût • Parsemez-le de feuilles de coriandre déchirées et servez-le avec le riz et les *papadums*

SALADE GRECQUE MODERNE

AUMÔNIÈRES ÉPINARDS, POIS CHICHES & FETA

POUR 4 | 516 KCAL

Aumônières
400 g de pois chiches
100 g de feta
100 g de pousses d'épinards
1 citron
½ cuil. à café de paprika fumé
4 grandes feuilles de pâte filo

Salade
1 concombre
1 petit oignon rouge
½ bouquet de coriandre et de menthe fraîche
20 g d'amandes mondées
1 poignée d'olives noires
650 g de tomates de couleurs différentes
1 laitue romaine
2 cuil. à soupe d'huile d'olive vierge extra

En accompagnement
Yaourt nature 0 %
Miel liquide

Huile d'olive
Sel

Ingrédients prêts • four à 220 °C (th. 7-8) • robot, lame couteau disque à émincer épais et fin • poêle moyenne allant au four, feu moyen • poêle moyenne, feu moyen

COMMENCEZ LA PRÉPARATION

Égouttez les pois chiches et mixez-les au robot avec la feta, les épinards, le zeste du citron et le paprika • Pliez 1 feuille de pâte filo en deux et déposez un quart de cette pâte au centre, appuyez avec votre pouce pour que la garniture puisse prendre du volume à la cuisson, puis rassemblez les bords sans trop serrer pour former un paquet • Recommencez pour obtenir 4 aumônières • Faites-les revenir dans la poêle avec 1 cuil. à soupe d'huile d'olive pendant quelques minutes pour rendre le fond croustillant, puis enfournez-les jusqu'à ce qu'elles soient dorées et croustillantes

Placez le disque à émincer épais dans le robot • À la fourchette, entaillez la peau du concombre sur la longueur puis émincez-le • Avec le disque à émincer fin, émincez l'oignon épluché • Placez-les dans un saladier, salez, pressez le jus du citron zesté et mélangez • Parsemez la salade de coriandre et de menthe finement hachées

Faites frire les amandes et les olives à la poêle avec 1 cuil. à soupe d'huile d'olive • Découpez les tomates en rondelles épaisses et disposez-les joliment sur un grand plat de service • Émincez la salade sur 1 cm d'épaisseur et ajoutez-la au plat avec le concombre et l'oignon, de l'huile d'olive vierge extra et le contenu de la poêle • Servez les aumônières avec une belle cuillerée de yaourt, un bon filet de miel et la salade

BEIGNETS DE RICOTTA

SAUCE TOMATE & SALADE DE COURGETTES

POUR 4 | 408 KCAL

Ingrédients prêts • bouilloire prête • grande poêle, feu moyen • grande cocotte avec couvercle, feu doux • robot, disque à émincer fin

Sauce
25 g de cèpes séchés
4 filets d'anchois (facultatif)
1 piment rouge séché
2 gousses d'ail
700 g de *passata*
8 olives noires
½ bouquet de basilic frais

Beignets
1 gros œuf
400 g de ricotta
1 noix muscade, à râper
1 citron
40 g de parmesan
1 cuil. à soupe bombée de farine T 55
Vinaigre balsamique

Salade
400 g de petites courgettes fermes vertes ou jaunes
1 cuil. à soupe d'huile d'olive vierge extra
1 piment rouge frais
½ bouquet de menthe fraîche
1 citron

Huile d'olive
Sel, poivre

COMMENCEZ LA PRÉPARATION

Dans une tasse, recouvrez les cèpes d'eau bouillante • Cassez l'œuf dans un saladier, ajoutez-y la ricotta, ¼ de noix muscade finement râpée, le zeste du citron, le parmesan, la farine et mélangez • Versez 1 cuil. à soupe d'huile d'olive dans la poêle, puis déposez-y 8 grosses cuillerées de pâte, en les retournant délicatement lorsqu'elles sont bien dorées

Dans la cocotte, faites revenir les anchois (si vous en utilisez) dans 1 cuil. à soupe d'huile d'olive et ajoutez-y le piment émietté et l'ail non épluché écrasé au presse-ail • Incorporez les cèpes finement émincés et la moitié de leur eau, la *passata* puis salez et poivrez et portez la sauce à ébullition • Intégrez les olives dénoyautées et cassées • Réservez quelques feuilles de basilic, puis hachez le reste et incorporez-le à la sauce

Râpez les courgettes au robot (où à la râpe manuelle) et placez-les dans un saladier avec une pincée de sel et de poivre, le jus du citron zesté et l'huile d'olive vierge extra • Hachez finement le piment et ajoutez-le aux courgettes avec les feuilles de menthe, puis mélangez le tout • Disposez les beignets sur la sauce, décorez le plat de feuilles de basilic, d'un trait de vinaigre balsamique et servez avec des quartiers de citron

LÉGUMES AIGRES-DOUX

RIZ AUX ŒUFS SICHUAN & SALADE CROQUANTE

POUR 4 | 481 KCAL

Ingrédients prêts • grande poêle, feu moyen • wok, feu moyen • robot, disque à râper épais et disque à émincer fin

Riz
1 cuil. à café de poivre de Sichuan
500 g de riz complet cuit
Le jus de 1 citron
2 cuil. à soupe de sauce *sweet chili*
2 gros œufs

Légumes sautés
2 poivrons de couleurs différentes
300 g d'asperges
1 piment rouge frais
1 morceau de gingembre de 2 cm
2 gousses d'ail
125 g de mini-épis de maïs
1 bouquet de coriandre fraîche
1 cuil. à café de farine de maïs
227 g d'ananas en conserve
1 cuil. à soupe de miel liquide
2 cuil. à soupe de vinaigre de xeres
200 g de pousses de soja

Salade
2 carottes
200 g de pois mange-tout
1 bouquet de menthe fraîche
Le jus de 1 citron vert
Sauce soja allégée en sel

Huile de sésame

COMMENCEZ LA PRÉPARATION

Dans la poêle, mettez le poivre du Sichuan et le riz avec le jus de citron en remuant régulièrement • Ôtez les pépins et la queue des poivrons, coupez-les en morceaux de 2 cm et faites de même avec les asperges nettoyées • Émincez finement le piment, le gingembre et l'ail épluchés, puis faites-les revenir au wok avec 2 cuil. à soupe d'huile • Ajoutez les poivrons, les asperges et les épis de maïs

Émincez grossièrement les tiges de coriandre (gardez les feuilles) et intégrez-les dans le wok • Nettoyez les carottes et râpez-les au robot • Placez le disque à émincer fin dans le robot et émincez les pois mange-tout • Déposez-les dans un grand saladier, ajoutez-y les feuilles de menthe puis assaisonnez avec le jus de citron vert et 1 cuil. à soupe d'huile, puis la sauce soja à votre convenance

Enrobez les légumes du wok de fécule de maïs, puis incorporez l'ananas et son jus, le miel, le vinaigre et les germes de soja • Mélangez bien et ajoutez de la sauce soja à votre goût • Placez le riz sur le côté de la poêle, puis faites bouillonner la sauce pimentée à côté du riz • Cassez-y les œufs et mélangez en incorporant progressivement les œufs au riz • Servez avec des feuilles de coriandre

CIGARES AU CAMEMBERT

SALADE D'AUTOMNE & SAUCE AUX AIRELLES

POUR 4 | 651 KCAL

Cigares au camembert
200 g de camembert
100 g de noix décortiquées
1 bouquet de ciboulette fraîche
1 citron
4 feuilles de pâte filo
1 cuil. à café d'huile d'olive

Sauce aux airelles
75 g d'airelles séchées
1 pincée de clous de girofle moulus
½ cuil. à café de gingembre en poudre
12,5 cl de porto

Salade
1 grenade
2 cuil. à soupe de vinaigre balsamique
2 cuil. à soupe d'huile d'olive vierge extra
1 trévise
1 endive
1 pomme
100 g de cresson

Sel, poivre

Ingrédients prêts • robot, lame couteau • grande poêle, feu moyen • petite casserole, feu moyen • mixeur

COMMENCEZ LA PRÉPARATION

Mixez le camembert au robot avec les noix et la moitié de la ciboulette • Incorporez-y le zeste du citron finement râpé • Sur une surface propre, pliez chaque feuille de filo en deux dans la largeur • Déposez un quart de la crème au camembert en bas de la feuille, formez un boudin, appuyez avec votre pouce sur le dessus et enroulez la feuille sur elle-même sans trop serrer pour former un long cigare • Recommencez pour obtenir 4 cigares • Badigeonnez-les d'huile d'olive et faites-les dorer à la poêle pour qu'ils soient croustillants

Dans la petite casserole, mélangez les ingrédients de la sauce avec un peu d'eau et portez à ébullition • Coupez la grenade en deux et pressez-en le jus d'une moitié dans un grand plat • Ajoutez le vinaigre balsamique, l'huile d'olive vierge extra, une pincée de sel et de poivre, puis la ciboulette finement émincée • Émincez finement la base de la trévise et de l'endive et détachez les feuilles externes • Râpez grossièrement la pomme ou découpez-la en allumettes puis mélangez-la avec la trévise, l'endive et le cresson

Mixez la sauce aux airelles jusqu'à ce qu'elle soit homogène (il faudra peut-être ajouter un peu d'eau) • Versez-la dans un petit plat ou un bol et trempez-y les cigares • Répartissez les grains de grenade restants sur la salade et assaisonnez-la à table

SALADE MEXICAINE
AVOCAT GRILLÉ & HARICOTS SOUFFLÉS

POUR 4 | 725 KCAL

Nachos
175 g de chips tortillas allégées en sel
30 g de cheddar
1 piment rouge frais
1 piment vert frais

Salade
400 g de haricots rouges en conserve
400 g de mélange de haricots en conserve
1 pincée de cumin moulu
2 avocats mûrs
1 bonne pincée de coriandre moulue
200 g de mesclun

Sauce
2 oignons nouveaux
1 bouquet de coriandre fraîche
1 cuil. à soupe de piments jalapeño en conserve
2 cuil. à soupe de yaourt nature 0 %
2 citrons verts

Huile d'olive
Huile d'olive vierge extra
Sel, poivre

Ingrédients prêts • gril du four moyen • plat à rôtir • poêle moyenne, feu moyen • grand gril, feu fort • mixeur

COMMENCEZ LA PRÉPARATION

Étalez les tortillas dans un plat à rôtir et recouvrez-les de cheddar râpé • Émincez finement les piments, répartissez-les sur les tortillas et enfournez-les au milieu du four, sortez-les lorsqu'elles sont dorées • Égouttez les haricots et faites-les revenir à la poêle avec 1 cuil. à soupe d'huile et le cumin, en remuant régulièrement jusqu'à ce qu'ils éclatent et soient croustillants

Découpez les avocats en quartiers, dénoyautez-les et épluchez-les, enrobez-les de 1 cuil. à café d'huile d'olive, de sel, de poivre et de coriandre moulue • Faites-les griller sur toutes les faces, puis ôtez-les du gril • Nettoyez les oignons nouveaux et coupez-les en deux, puis mixez-les avec la moitié de la coriandre, les piments jalapeño et une bonne quantité de leur vinaigre, 1 cuil. à soupe d'huile d'olive vierge extra, le yaourt et le jus de 1 citron vert, puis versez la sauce dans un bol

Placez le mesclun dans un joli saladier avec les feuilles de coriandre restantes, puis disposez autour les avocats grillés et parsemez la salade de haricots soufflés • Assaisonnez de 1 cuil. à café d'huile d'olive vierge extra et servez la salade avec les tortillas pimentées au fromage, des quartiers de citron vert et la sauce pour tremper les tortillas

DHAL DE LENTILLES
SALADE DE TOMATES TIÈDE & NAANS

POUR 4 | 696 KCAL

Ingrédients prêts • bouilloire prête • four à 130 °C (th. 4-5) • robot, lame couteau • cocotte avec couvercle, feu fort • poêle, feu doux

Dhal

1 oignon ; 1 gousse d'ail
1 morceau de gingembre de 2 cm
1 à 2 piments rouges frais
1 poivron rouge
1 gros bouquet de coriandre fraîche
1 poignée de feuilles de curry fraîches
1 cuil. à café de curcuma
1 cuil. à café de fenugrec
2 cuil. à café de graines de moutarde
300 g de lentilles corail
40 cl de lait de coco allégé en conserve
200 g de pousses d'épinards

Salade

500 g de tomates cerise de couleurs différentes
1 citron
1 cuil. à café de piment en poudre
2 gousses d'ail

En accompagnement

2 *naans*
Yaourt nature 0 %

Huile de colza

COMMENCEZ LA PRÉPARATION

Au robot, mixez finement l'oignon coupé en deux, l'ail et le gingembre épluchés, le piment, le poivron épépiné, les tiges de coriandre (gardez les feuilles) et une pincée de sel et de poivre • Versez 1 cuil. à soupe d'huile dans la cocotte et faites-y revenir les feuilles de curry, le curcuma, le fenugrec et la moitié des graines de moutarde en remuant régulièrement • Ajoutez-y les légumes mixés et faites-les cuire pendant quelques minutes avant d'y incorporer les lentilles, 70 cl d'eau bouillante et le lait de coco • Couvrez et portez à ébullition en remuant régulièrement

Enfournez les *naans* • Coupez les tomates cerise en deux et émincez finement la moitié du citron (avec l'écorce) • Dans la poêle, versez 1 cuil. à soupe d'huile, le piment en poudre, le citron haché et les graines de moutarde restantes • Écrasez-y l'ail non épluché au presse-ail, versez le jus de citron restant, les tomates et mélangez pendant 30 s, puis assaisonnez à votre goût

Incorporez les épinards au *dhal*, sortez les *naans* du four puis servez le tout à table avec un bol de yaourt • Parsemez le curry de feuilles de coriandre

FRITTATA DE PRINTEMPS

TOASTS TOMATÉS, SALADE CRESSON & PETITS POIS

POUR 4 | 468 KCAL

Frittata
2 courgettes jaunes
ou vertes moyennes fermes
1 bouquet de menthe fraîche
8 gros œufs
½ cuil. à café d'huile à la truffe
1 pincée de piment de Cayenne
4 brins de thym frais
40 g de pecorino
1 cuil. à café d'huile d'olive
1 piment rouge frais
20 de feta

Toasts
4 tranches de ciabatta de 2 cm
1 gousse d'ail
4 tomates cerise mûres
1 cuil. à café d'origan séché

Salade
Le jus de 1 citron
150 g de petits pois crus à écosser
100 g de cresson
1 cœur de céleri-branche
Huile d'olive vierge extra
Sel, poivre

Ingrédients prêts • gril du four chaud • robot, disque à râper fin et disque à émincer fin • poêle allant au four de 26 cm, feu fort • gril, feu fort

COMMENCEZ LA PRÉPARATION

Au robot, râpez les courgettes puis placez-les dans un saladier, salez-les, ajoutez quelques feuilles de menthe, puis mélangez et pressez-les pour éliminer l'excédent d'eau • Versez l'huile d'olive dans la poêle et faites-y revenir les courgettes quelques minutes en remuant régulièrement • Fouettez les œufs avec l'huile à la truffe, le piment de Cayenne, les feuilles de thym et la moitié du pecorino finement râpé, puis versez ce mélange sur les courgettes • Mélangez pendant 1 min puis incorporez le reste de pecorino râpé et placez la *frittata* sous le gril en haut du four jusqu'à ce qu'elle soit bien cuite, aérée et dorée (environ 5 min)

Placez les tranches de ciabatta sur le gril et retournez-les lorsqu'elles sont dorées • Versez 2 cuil. à soupe d'huile d'olive vierge extra dans un plat de service avec le jus de citron, une pincée de sel et de poivre • Hachez grossièrement les feuilles de menthe et répartissez-les sur le plat avec les petits pois et le cresson • Placez le disque à émincer fin dans le robot, puis retirez les branches extérieures du céleri (gardez-les pour une autre utilisation), émincez la base du cœur et intégrez-le à la salade avec les feuilles finement émincées

Placez les toasts sur une planche de service, frottez la face coupée d'ail et de tomate écrasée, puis saupoudrez-les d'origan et arrosez-les de 1 cuil. à café d'huile d'olive vierge extra • Émincez finement le piment puis faites glisser la *frittata* sur la planche, parsemez-la de piment et de feta émiettée et servez-la avec la salade que vous mélangerez délicatement à la dernière minute

PETIT DÉJEUNER

PANCETTA FUMÉE À L'ÉRABLE
MAÏS SOUFFLÉ & PANCAKES PIMENTÉS

POUR 4 | 477 KCAL

Pancakes

1 tasse de farine à levure incorporée
1 gros œuf
1 tasse de lait demi-écrémé
1 piment vert frais
40 g de cheddar
1 poignée de maïs doux surgelé
Huile d'olive

Garniture

4 tomates mûres
1 avocat mûr
1 citron vert
½ bouquet de coriandre fraîche
8 tranches de pancetta fumée
Sirop d'érable
4 cuil. à soupe de yaourt nature 0 %
Sauce pimentée

Sel, poivre

Voici de quoi se préparer un magnifique petit déjeuner pour le week-end, qui vous donnera le sourire, de l'énergie et de la satisfaction. Croyez-moi, son côté pimenté vous réveillera mieux que n'importe quel expresso.

COMMENCEZ LA PRÉPARATION

Dans un saladier, fouettez la farine, l'œuf et le lait avec une pincée de sel jusqu'à obtention d'une préparation homogène • Émincez finement le piment, râpez le fromage, puis incorporez-les à la pâte avec le maïs décongelé • Découpez grossièrement les tomates et l'avocat épluché et dénoyauté puis mélangez-les avec le jus de ½ citron vert, les feuilles de coriandre, du sel et du poivre

Placez la pancetta dans une poêle moyenne sur feu moyen à fort et retournez-la lorsqu'elle est croustillante et dorée • Arrosez-la de sirop d'érable et faites cuire pendant 20 s, puis ôtez-la du feu • Versez 1 cuil. à café d'huile dans une petite poêle sur feu moyen, déposez-y 1 louche de pâte et étalez jusqu'aux bords • Retournez le pancake lorsqu'il est doré et déposez-le dans une assiette une fois qu'il est cuit

Recouvrez-le d'un quart de la garniture et de la pancetta et accompagnez-le d'un peu de yaourt, de 1 quartier de citron vert et de sauce pimentée si vous souhaitez plus de piquant • Recommencez avec les ingrédients restants et servez dès que vous êtes prêt

TOASTS À L'AVOCAT QUATRE VARIANTES

POUR 1 | 269 KCAL

AVOCAT & ŒUF

Faites bouillir de l'eau • Faites griller **1 belle tranche de pain** • Faites chauffer une petite casserole sur feu fort, remplissez-la d'eau bouillante et ajoutez-y **1 pincée de sel** • Créez un tourbillon dans l'eau avec une fourchette, cassez-y **1 gros œuf extra-frais** et pochez-le à votre goût • Dénoyautez, épluchez et émincez **½ avocat mûr** • Coupez en deux **1 tomate cerise** et frottez-en le pain, puis arrosez-le avec **1 cuil. à café d'huile d'olive vierge extra** • Recouvrez le pain d'avocat et de **quelques rondelles de piment rouge frais** • Placez l'œuf par-dessus, ouvrez-le et assaisonnez à votre goût

POUR 1 | 268 KCAL

AVOCAT & PANCETTA CROUSTILLANTE

Faites griller **3 tranches de pancetta fumée** sur un gril chaud avec **1 tranche de pain** sur le côté pour absorber la matière grasse • Dénoyautez et épluchez **½ avocat mûr** • Retournez le pain et tartinez-le d'avocat en l'écrasant avec une fourchette de tous les côtés • Ajoutez **1 pincée de sel et de poivre, 1 trait de jus de citron ou de citron vert, quelques rondelles de piment rouge frais** et **4 feuilles de basilic frais**, puis recouvrez la tartine de pancetta croustillante

POUR 1 | 256 KCAL

AVOCAT & JAMBON FUMÉ

Faites griller **1 belle tranche de pain** • Arrosez-la de **1 cuil. à café d'huile d'olive** et recouvrez-la de **1 tranche de tomate cœur-de-bœuf** et de **1 tranche de jambon cuit** • Dénoyautez et épluchez **½ avocat mûr** et recouvrez-en le jambon, puis ajoutez **1 pincée de sel et de poivre** et pressez **le jus de 1 citron vert ou jaune** au creux de l'avocat et versez-y quelques gouttes d'huile • Avec un économe, découpez **10 g d'emmental** en lamelles, puis décorez le toast avec **4 feuilles de basilic frais**

POUR 1 | 303 KCAL

AVOCAT & SAUMON FUMÉ

Faites griller **1 belle tranche de pain** • Arrosez-la de **1 cuil. à café d'huile d'olive vierge extra** et recouvrez-la de **35 g de saumon fumé** • Avec une cuillère à café, déposez-y de petites billes de ***cream cheese* (25 g au total)** • Dénoyautez **½ avocat mûr** puis façonnez de petites billes avec une cuillère à café et déposez-les sur la tartine • Ajoutez un peu de **zeste de citron** finement râpé, du **jus de citron** et **1 pincée de poivre**

VIVE LES CROQUE-MONSIEUR !

(PARTIE 1 : SANDWICHS CHAUDS PARADISIAQUES)

POUR 1 | 384 KCAL

- 2 brins de ciboulette fraîche
- 2 tranches de pain
- 2 tranches de saumon fumé
- 1 gros œuf
- 10 g de cheddar
- Sel, poivre

SAUMON FUMÉ & ŒUF

Hachez la ciboulette • Placez 1 tranche de pain dans un appareil à croque-monsieur et recouvrez-la de saumon fumé en formant un cercle et en laissant un espace au centre pour y casser l'œuf • Parsemez-le de ciboulette, de cheddar râpé puis salez et poivrez • Recouvrez délicatement de la seconde tranche de pain et faites cuire le croque-monsieur

POUR 1 | 310 KCAL

- 2 tranches de pain
- 1 tomate mûre
- 30 g de feta
- ¼ d'avocat
- 2 pincées d'origan séché

À LA GRECQUE

Placez 1 tranche de pain dans un appareil à croque-monsieur et déposez-y la tomate • Émiettez la feta par-dessus • Épluchez et hachez grossièrement l'avocat, recouvrez-en la feta, puis terminez par une pincée d'origan • Fermez le sandwich avec la seconde tranche de pain, saupoudrez d'origan et faites cuire le croque-monsieur

VIVE LES CROQUES !

(PARTIE 2 : D'AUTRES DÉCLINAISONS CHAUDES)

POUR 1 | 372 KCAL

- 2 tranches de pain
- 25 g de cheddar
- 3 petits champignons de Paris
- 1 petite poignée de roquette
- Le jus de ¼ de citron
- 20 g de chorizo fumé

CLASSIQUE FROMAGE-CHAMPIGNONS

Placez 1 tranche de pain dans un appareil à croque-monsieur puis râpez le fromage dessus • Émincez les champignons et recouvrez-en le fromage • Hachez la roquette, mélangez-la au jus de citron, déposez-la sur le pain et fermez le sandwich avec la seconde tranche • Émincez finement le chorizo, disposez-le sur le croque-monsieur en l'enfonçant bien dans le pain et faites-le cuire

POUR 1 | 387 KCAL

- 25 g de ricotta
- 1 cuil. à café bombée de miel liquide
- 20 g de chocolat noir (70 % de cacao)
- 1 petite banane
- 2 tranches de pain

PETIT DÉJEUNER OSÉ

Fouettez la ricotta avec le miel, concassez le chocolat, épluchez et découpez grossièrement la banane • Placez 1 tranche de pain dans un appareil à croque-monsieur puis tartinez-la de ricotta • Déposez par-dessus la banane et recouvrez de chocolat • Refermez le sandwich avec la seconde tranche de pain et faites cuire le croque-monsieur

GRANOLA FANTASTIQUE
POUR BIEN COMMENCER LA JOURNÉE

POUR 3 BOCAUX DE 1 L
332 KCAL

Granola
100 g de noix du Brésil
100 g de noix décortiquées
100 g de pistaches décortiquées
100 g de graines de courge
100 g de graines de tournesol
100 g de graines de sésame
500 g de flocons d'avoine
40 g de noix de coco séchée
1 cuil. à café de cannelle moulue
75 g de griottes
250 g d'abricots secs

En accompagnement
Sirop d'érable
Lait ou yaourt nature 0 %

Ce que je vous conseille, c'est d'acheter des ingrédients, comme ceux de cette liste, en grande quantité, de les mélanger et d'en prélever une poignée par personne quand vous en avez besoin, puisque cette préparation se conserve plusieurs mois. Je l'apprécie particulièrement avec des myrtilles fraîches ou des graines de grenade.

COMMENCEZ LA PRÉPARATION

Concassez grossièrement les fruits à coque et les graines dans un mortier ou mixez-les au robot avec la lame couteau • J'aime bien que le mélange soit irrégulier • Mélangez-les à l'avoine, à la noix de coco et à la cannelle

Vous avez le choix : vous pouvez soit mélanger les céréales avec les cerises et les abricots hachés et conserver ce mélange dans des bocaux hermétiques pour en faire toaster la quantité de votre choix quand vous le souhaitez, soit étaler les céréales dans plusieurs plats à rôtir et faire dorer le granola au four préchauffé à 180 °C (th. 6) en remuant régulièrement • Laissez-le refroidir puis ajoutez-y alors les cerises et les abricots hachés et conservez-le dans un bocal avant de le déguster

Pour faire griller le granola au fur et à mesure, j'utilise une poêle sans matière grasse sur feu moyen et j'y verse une poignée de granola (environ 50 g) par personne • Faites-le griller pendant 3 min environ, en remuant régulièrement pour faire ressortir ses parfums et sa texture croustillante, jusqu'à ce que le granola soit légèrement doré et sente délicieusement bon • Incorporez-y une bonne cuillère à café de sirop d'érable par personne et laissez-le caraméliser, puis servez-le chaud avec du lait froid ou du yaourt et des fruits frais de saison, si vous le souhaitez

SUPERBE SALADE DE FRUITS RÂPÉS

POUR 4 | 91 KCAL

Miel au sésame
1 poignée de graines de sésame
½ petit pot de miel liquide

Fruits mûrs
1 poire
1 nectarine
1 poignée de fraises
1 banane
1 pomme

Sauce
1 orange ou 1 citron vert
Quelques brins de menthe fraîche

En accompagnement
Yaourt nature 0 %

Ce petit déjeuner délicieux incarne le summum de la simplicité, mais ne vous y trompez pas. Le sucre naturel des fruits râpés ressort et forme un sirop qui rend cette belle et goûteuse salade aussi brillante que juteuse. Associez-la à du miel au sésame tiède et elle devient incroyable. Lancez-vous, elle en vaut la peine.

COMMENCEZ LA PRÉPARATION

Faites griller les graines de sésame à sec dans une poêle en les remuant régulièrement jusqu'à ce qu'elles soient dorées • Mélangez-les au miel puis réchauffez le mélange au micro-ondes (800 W) pendant 20 s avant de l'utiliser • Gardez le reste pour une autre utilisation, ce miel est délicieux et se conserve longtemps

Placez une râpe sur une assiette, puis râpez délicatement chacun des fruits, un par un, dans leur longueur • Vous pouvez utiliser des fruits à noyau légèrement fermes, comme des prunes, des pêches et des nectarines, les fruits parfaits du verger, des fraises et des bananes • Soulevez délicatement la râpe pour obtenir une jolie pile de fruits râpés • Pressez dessus le jus de l'orange ou du citron vert et arrosez avec 2 cuil. à soupe de miel au sésame • Hachez grossièrement les feuilles de menthe et parsemez-en la salade, puis servez-la avec du yaourt nature

FRUITS ET NOIX
COTTAGE CHEESE SUCRÉ

POUR 6 | 189 KCAL

Il s'agit ici de marier à merveille des ingrédients simples pour un petit déjeuner rapide. Une portion de 50 g de *cottage cheese* par personne est bien suffisante, et si vous ne cuisinez pas pour 6 personnes, vous pouvez garder le fromage au réfrigérateur pendant quelques jours.

COMMENCEZ LA PRÉPARATION

Dans un bol, mélangez **1 cuil. à soupe de miel liquide** et **1 cuil. à café bombée de vanille liquide** avec **300 g de *cottage cheese*** ou **de ricotta** (le yaourt à la grecque est tout aussi délicieux) • Assouplissez-le avec **un peu de lait** si nécessaire et fouettez-le, puis répartissez le fromage dans des assiettes ou des bols • Recouvrez de **fruits frais** juteux, tels que des mangues, des fraises et de la pastèque, ajoutez un petit trait de **jus de citron vert** et des **fruits à coque** hachés ou concassés, comme des noix du Brésil, des amandes ou des pistaches

SUPER SMOOTHIES

QUATRE FAÇONS DE DOPER VOTRE JOURNÉE

POUR 2

Vous pouvez confectionner ces smoothies avec des fruits frais, mais ce que je préfère, c'est préparer des sachets de mélange de fruits et les congeler à l'avance, pour ne pas avoir à ajouter de glaçons. Vous aurez ainsi une boisson fraîche plus épaisse à effet revigorant et réveil garantis.

On trouve de succulents fruits surgelés au supermarché, mais pour certains d'entre eux, comme les bananes ou les fruits de saison, mieux vaut prendre l'habitude de les surgeler vous-même. Les 2 min que vous y consacrerez vous feront gagner du temps tous les matins pendant un mois. Ainsi, vous avez de quoi vous régalez au congélateur et vous faites des économies : lorsqu'un fruit est en train de vieillir, vous pouvez toujours le congeler avant qu'il ne se gâte.

146 KCAL

VERT

Dans un mixeur, mixez 1 grosse banane épluchée (dans l'idéal prédécoupée et surgelée), avec **200 g de pousses d'épinards**, 25 cl de jus de pomme frais et le jus de 1 citron vert jusqu'à obtention d'une boisson homogène

100 KCAL

VIOLET

Hachez grossièrement **2 poires** équeutées et mixez-les avec **150 g de myrtilles surgelées** et **10 cl de jus de pomme frais** jusqu'à obtention d'une boisson homogène

113 KCAL

ORANGE

Râpez finement **1 morceau de gingembre de 2 cm**, nettoyez, pelez et hachez grossièrement **1 carotte** et ajoutez-y **le jus de 1 citron vert** • Ajoutez-y **1 petite mangue surgelée** découpée et **20 cl de jus d'orange frais** et mixez jusqu'à obtention d'une boisson homogène

340 KCAL

BLANC

Au mixeur, mélangez **1 grosse banane** épluchée (dans l'idéal prédécoupée et surgelée) et **3 cuil. à soupe de poudre d'amandes**, **25 cl de lait demi-écrémé** et **1 cuil. à soupe de miel liquide** jusqu'à obtention d'une boisson homogène

BEAUTIFUL THINGS
HAPPEN WHEN
YOU SMILE
ONLY AFTER THE LAST TREE HAS BEEN CUT DOWN,

L. CARDIFF
M. MATTHEWS

TEAM

INFORMATIONS NUTRITIONNELLES

PAR LAURA PARR, RESPONSABLE DE LA NUTRITION POUR JAMIE

JAMIE ET MOI AVONS TRAVAILLÉ ENSEMBLE POUR CRÉER DES RECETTES À LA FOIS GOÛTEUSES ET BONNES POUR LA SANTÉ SANS COMPROMETTRE LEURS SAVEURS. CECI N'EST PAS UN LIVRE DE RÉGIME, MAIS LES RECETTES ONT ÉTÉ CONSCIENCIEUSEMENT PENSÉES POUR OBTENIR UN ÉQUILIBRE ENTRE LES GLUCIDES, LES FRUITS ET/OU LES LÉGUMES, LES PRODUITS LAITIERS ET LES PROTÉINES AVEC QUELQUES PETITS PLAISIRS OCCASIONNELS (APRÈS TOUT, C'EST ÇA, LA VIE !).

Au Royaume-Uni, tous les aliments appartiennent à l'un des cinq groupes suivants :

- fruits et légumes
- glucides riches en amidon, par exemple : pain, riz, pommes de terre et pâte
- viande, poisson, œufs, haricots et autres sources de protéines non laitières
- laits et produits laitiers
- aliments/boissons riches en matières grasses et/ou en sucre.

Il est capital de trouver le bon équilibre parmi les aliments et les boissons que nous consommons au sein de ces groupes chaque jour. Au cours d'un repas classique, nous devrions consommer un tiers de fruits et de légumes et un tiers de féculents, le dernier tiers étant réparti entre les protéines, les produits laitiers et une petite quantité d'aliments riches en matières grasses et/ou en sucre. C'est ce que nous avons cherché à obtenir dans la majorité de ces plats. Évidemment, il n'est pas nécessaire d'atteindre cet équilibre à chaque repas de la journée, mais c'est une bonne ligne directrice à suivre au quotidien.

Les sucreries font partie de la vie, mais il est aussi important de repérer lorsque l'on va trop loin pour pouvoir rétablir l'équilibre au repas suivant et respecter nos bonnes habitudes. Lorsque nous mangeons et buvons, nous fournissons de l'énergie (les KCAL) à notre corps : comprendre le nombre de KCAL que nous ingérons est un moyen de contrôler notre apport alimentaire pour garder un poids sain. Pour chaque recette, nous vous indiquons la teneur en KCAL pour une part afin de vous inciter à réfléchir sur la façon dont chacun de ces repas participe à votre apport calorique quotidien. À titre indicatif, un homme a besoin de près de 2 500 KCAL par jour pour garder un poids sain, contre 2 000 KCAL pour une femme. En consommant une large variété d'aliments, vous multipliez vos chances de bénéficier de tous les nutriments dont vous avez besoin. Ainsi, lorsque vous cuisinez un plat de ce livre, n'hésitez pas à mélanger les recettes des différents chapitres. Bien sûr, vous aurez certainement vos préférées, mais vous pouvez essayer de diversifier, avec par exemple du poisson quelques soirs par semaine (optez pour les poissons gras comme les sardines ou le maquereau une fois par semaine), un plat sans viande une ou deux fois, puis alterner le bœuf, le porc, l'agneau et le poulet le reste de la semaine.

Si vous souhaitez apporter des modifications à votre alimentation, voici quelques conseils généraux pour un mode de vie plus sain. Servez-vous-en comme d'un guide et vous serez sur la bonne voie pour prendre de meilleures décisions :

- Utilisez des féculents en base de vos repas, qui doivent compter un tiers de pommes de terre, de pâte, de riz, de quinoa, de couscous ou de pain, en optant pour des variétés complètes si possibles.
- Consommez beaucoup de fruits et de légumes, car c'est une source importante de vitamines et de minéraux.
- Consommez plus de poisson, dont un poisson gras une fois par semaine.
- Réduisez votre apport en matière grasse saturée et en sucre.
- Essayez de manger moins salé. Goûtez votre plat avant de l'assaisonner, car on peut toujours ajouter du sel, mais on ne peut pas l'enlever. N'oubliez pas que beaucoup d'aliments contiennent déjà du sel, donc demandez-vous s'il est nécessaire d'en ajouter ou pas.
- Buvez beaucoup d'eau.
- Ne sautez pas le petit déjeuner.
- Soyez aussi actif que possible et veillez à garder un poids stable et sain.

Et, bien sûr, savourez les recettes de ce livre !
N'oubliez pas qu'il est indispensable d'adapter votre apport alimentaire à votre niveau d'activité, chacun ayant des besoins nutritionnels différents en fonction de son âge, de son sexe et de son mode de vie.

KCAL 795
MG 16,4 g
SUCRES 6,2 g
MG SAT 6,4 g
24

KCAL 607
MG 19,9 g
SUCRES 13,3 g
MGSAT 3,7 g
26

KCAL 651
MG 18,4 g
SUCRES 17,8 g
MGSAT 4,0 g
28

KCAL 557
MG 22.5 g
SUCRES 4.4 g
MGSAT 3,3 g
30

KCAL 610
MG 19,3 g
SUCRES 10,4 g
MGSAT 4,5 g
32

KCAL 694
MG 33,3 g
SUCRES 17,1 g
MGSAT 7,1 g
34

KCAL 625
MG 15,2 g
SUCRES 10,1 g
MGSAT 5,0 g
36

KCAL 683
MG 19,9 g
SUCRES 10,9 g
MGSAT 4,3 g
38

KCAL 455
MG 11,1 g
SUCRES 12,9 g
MGSAT 3,1 g
40

KCAL 607
MG 28,1 g
SUCRES 11,5 g
MGSAT 9,4 g
42

KCAL 656
MG 23,5 g
SUCRES 10,7 g
MGSAT 8,5 g
44

KCAL 617
MG 22,0 g
SUCRES 16,8 g
MGSAT 5,0 g
46

KCAL 666
MG 26,7 g
SUCRES 11,1 g
MGSAT 8,0 g
48

KCAL 476
MG 15,2 g
SUCRES 10,3 g
MGSAT 4,7 g
50

KCAL 616
MG 14,3 g
SUCRES 12,3 g
MGSAT 3,2 g
52

KCAL 738
MG 30,9 g
SUCRES 10,5 g
MGSAT 6,5 g
54

KCAL 437
MG 14,2 g
SUCRES 11,1 g
MGSAT 4,8 g
58

KCAL 532
MG 23,8 g
SUCRES 16,6 g
MGSAT 7,1 g
60

KCAL 625
MG 21,1 g
SUCRES 10,9 g
MGSAT 5,5 g
62

KCAL 653
MG 23,9 g
SUCRES 5,9 g
MGSAT 5,2 g
64

KCAL 706
MG 21,1 g
SUCRES 9,1 g
MGSAT 7,6 g
66

KCAL 585
MG 23,9 g
SUCRES 6,4 g
MGSAT 5,0 g
68

KCAL 593
MG 13,7 g
SUCRES 14,2 g
MGSAT 3,6 g
70

KCAL 613
MG 23,8 g
SUCRES 7,3 g
MGSAT 8,9 g
72

KCAL 556
MG 20,6 g
SUCRES 12,3 g
MGSAT 5,5 g
74

KCAL 545
MG 23,8 g
SUCRES 3,8 g
MGSAT 5,5 g
76

KCAL 576
MG 19,4 g
SUCRES 7,8 g
MGSAT 6,7 g
78

KCAL 558
MG 19,4 g
SUCRES 11,5 g
MGSAT 6,3 g
80

KCAL 445
MG 22,8 g
SUCRES 8,0g
MGSAT 7,3 g
82

KCAL 614
MG 24,8 g
SUCRES 11,9 g
MGSAT 7,2 g
84

KCAL 582
MG 22,4 g
SUCRES 8,8 g
MGSAT 6,3 g
88

KCAL 611
MG 22,9 g
SUCRES 22,4 g
MGSAT 5,7 g
90

KCAL 582
MG 28,6 g
SUCRES 7,5 g
MGSAT 7,2 g
92

KCAL 685
MG 21,7 g
SUCRES 16,8 g
MGSAT 4,8 g
94

KCAL 641
MG 23,2 g
SUCRES 14,6 g
MGSAT 5,4 g
96

KCAL 574
MG 19,4 g
SUCRES 3,7 g
MGSAT 6,2 g
98

KCAL 632
MG 13,9 g
SUCRES 8,4 g
MGSAT 5,4 g
102

KCAL 687
MG 25,0g
SUCRES 14,2 g
MGSAT 7,4 g
104

KCAL 650
MG 21,9 g
SUCRES 13,5 g
MGSAT 8,0g
106

KCAL 587
MG 16,9 g
SUCRES 13,8 g
MGSAT 7,3 g
108

KCAL 523
MG 22,2 g
SUCRES 10,1 g
MGSAT 6,6 g
110

KCAL 538
MG 21,5 g
SUCRES 8,5 g
MGSAT 9,9 g
112

KCAL 525
MG 29,0g
SUCRES 13,1 g
MGSAT 8,1 g
114

KCAL 629
MG 16,4 g
SUCRES 4,6 g
MGSAT 6,4 g
118

KCAL 396
MG 13,1 g
SUCRES 15,1 g
MGSAT 3,7 g
120

KCAL 457
MG 13,4 g
SUCRES 6,4 g
MGSAT 1,7 g
122

KCAL 458
MG 11,6 g
SUCRES 5,3 g
MGSAT 1,3 g
124

KCAL 559
MG 19,5 g
SUCRES 8,8 g
MGSAT 3,4 g
126

KCAL 525
MG 19,6 g
SUCRES 16,6 g
MGSAT 3,6 g
128

KCAL 407
MG 21,0g
SUCRES 17,0g
MGSAT 4,2 g
130

KCAL 491
FAT 20,9g
SUCRES 8,5g
MGSAT 4,5g
132

KCAL 489
MG 11,8g
SUCRES 8,3g
MGSAT 1,7g
134

KCAL 611
MG 21,5g
SUCRES 15,6g
MGSAT 2,1g
136

KCAL 603
MG 17,9g
SUCRES 6,5g
MGSAT 7,0g
138

KCAL 569
MG 32,7g
SUCRES 7,3g
MGSAT 7,7g
140

KCAL 549
MG 18,8g
SUCRES 15,7g
MGSAT 2,7g
142

KCAL 441
MG 19,1g
SUCRES 7,9g
MGSAT 5,6g
144

KCAL 474
MG 14,2g
SUCRES 7,6g
MGSAT 2,9g
146

KCAL 431
MG 11,7g
SUCRES 13,7g
MGSAT 1,8g
148

KCAL 633
MG 20,8g
SUCRES 14,3g
MGSAT 5,9g
150

KCAL 452
MG 17,9g
SUCRES 8,6g
MGSAT 5,6g
152

KCAL 516
MG 17,3g
SUCRES 9,9g
MGSAT 2,2g
154

KCAL 648
MG 22,4g
SUCRES 4,2g
MGSAT 7,8g
156

KCAL 565
MG 22,8g
SUCRES 14,1g
MGSAT 3,2g
158

KCAL 446
MG 8,8g
SUCRES 11,4g
MGSAT 1,5g
160

KCAL 680
MG 26,2g
SUCRES 17,2g
MGSAT 4,3g
162

KCAL 399
MG 20,7g
SUCRES 12,0g
MGSAT 5,5g
164

KCAL 634
MG 22,8g
SUCRES 10,1g
MGSAT 6,7g
166

KCAL 504
MG 21,3g
SUCRES 7,8g
MGSAT 2,3g
168

KCAL 581
MG 27,3g
SUCRES 5,4g
MGSAT 5,4g
172

KCAL 673
MG 18,1g
SUCRES 8,7g
MGSAT 3,0g
174

KCAL 622
MG 21,5g
SUCRES 16,4g
MGSAT 6,6g
176

KCAL 603
MG 26,4g
SUCRES 9,5g
MGSAT 8,3g
178

KCAL 635
MG 17,7g
SUCRES 15,8g
MGSAT 4,6g
180

KCAL 553
MG 20,4g
SUCRES 7,3g
MGSAT 4,0g
182

KCAL 526
MG 29,6 g
SUCRES 13,8 g
MGSAT 7,5 g
184

KCAL 613
MG 23,7 g
SUCRES 8,6 g
MGSAT 6,2 g
186

KCAL 687
MG 20,9 g
SUCRES 16,5 g
MGSAT 6,0 g
188

KCAL 620
MG 18,4 g
SUCRES 17,6 g
MGSAT 3,8 g
190

KCAL 644
MG 29,2 g
SUCRES 10,6 g
MGSAT 5,7 g
192

KCAL 562
MG 12,7 g
SUCRES 5,6 g
MGSAT 3,2 g
194

KCAL 586
MG 24,0g
SUCRES 5,0g
MGSAT 8,9 g
196

KCAL 651
MG 25,0g
SUCRES 6,9 g
MGSAT 5,5 g
198

KCAL 649
MG 23,2 g
SUCRES 4,3 g
MGSAT 4,8 g
200

KCAL 642
MG 28,4 g
SUCRES 23,8 g
MGSAT 7,4 g
204

KCAL 608
MG 24,9 g
SUCRES 9,2 g
MGSAT 5,2 g
206

KCAL 405
MG 16,8 g
SUCRES 9,3 g
MGSAT 4,5 g
208

KCAL 484
MG 18,2 g
SUCRES 12,6 g
MGSAT 5,1 g
210

KCAL 638
MG 21,7 g
SUCRES 8,1 g
MGSAT 5,7 g
212

KCAL 665
MG 17,8 g
SUCRES 14,4 g
MGSAT 5,4 g
214

KCAL 491
MG 21,5 g
SUCRES 14,4 g
MGSAT 6,2 g
216

KCAL 780
MG 27,5 g
SUCRES 10,0g
MGSAT 6,6 g
218

KCAL 619
MG 18,8 g
SUCRES 18,3 g
MGSAT 4,6 g
222

KCAL 749
MG 25,2 g
SUCRES 16,7 g
MGSAT 4,8 g
224

KCAL 602
MG 15,5 g
SUCRES 9,9 g
MGSAT 4,7 g
226

KCAL 725
MG 24,4 g
SUCRES 11,7 g
MGSAT 6,7 g
228

KCAL 516
MG 22,0g
SUCRES 17,5 g
MGSAT 5,9 g
230

KCAL 408
MG 27,7 g
SUCRES 10,0g
MGSAT 11,2 g
232

KCAL 481
MG 18,6 g
SUCRES 22,6 g
MGSAT 3,4 g
234

KCAL 651
MG 37,3 g
SUCRES 23,3 g
MGSAT 9,9 g
236

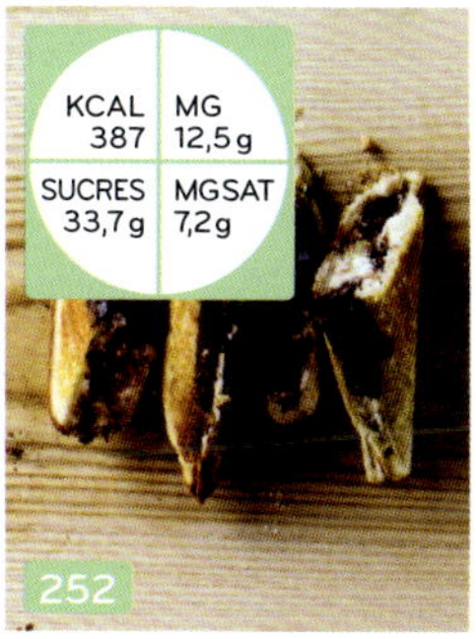

Les informations nutritionnelles fournies dans ce livre s'appuient sur des données théoriques. La valeur des nutriments peut varier par rapport à celles publiées. La taille des portions se fonde sur les recommandations de la recette.

Remerciements

J'aimerais tout d'abord adresser quelques remerciements importants à des amis chers avec qui je travaille régulièrement. La plupart des gens que j'ai choisis pour collaborer sur ce livre travaillent avec moi depuis très très longtemps, même si, bien sûr, il y a toujours de nouveaux venus qui rejoignent la bande ! Nous sommes un groupe soudé, et que ce soit les équipes talentueuses qui m'accompagnent pour la création de mes livres, la formidable équipe qui organise ma vie ou les équipes télé qui préparent mes émissions, tous nos projets demandent beaucoup de travail, d'enthousiasme et d'énergie, ce dont vous ne manquez jamais. Mes remerciements les plus chaleureux à :

Ma chère famille, y compris Gennaro, pour son amour sans faille et son soutien, merci.

À David, ou Lord Admiral, Loftus. Quelles photos épatantes, mon frère. Comme toujours, tu t'es surpassé à beaucoup d'amour.

QUELLE ÉQUIPE

BANDE TALENTUEUSE

D'immenses remerciements et toute mon affection à mon incroyable équipe de cuisine : un groupe merveilleux de cuisiniers, de chefs, de stylistes culinaires, d'éditeurs et de nutritionnistes brillants, talentueux et très travailleurs. Vous avez permis de concrétiser ce dont je rêvais et votre implication sans compromis à faire les livres de cuisine les meilleurs et les plus fiables n'est jamais tenue pour acquise. Aux foodies et stylistes culinaires : la mère poule Ginny Rolfe et Sarah 'Tiddles' Dildesley, un grand merci pour tout. À ma sœur grecque Georgie Socratous, tu es un ange, merci. Christina 'Boochie' MacKenzie, merci d'avoir surveillé mes jurons ; Philippa Spence, bon boulot, joues roses ; ma superbe diplômée Jodene Jordan ; ma banane brésilienne Almir Santos et la douce et travailleuse Amy Cox, merci les filles. Un grand bravo pour Barnaby Purdy pour son énergie créative et à Becky Bax pour toute son aide pendant les séances photo. Toute mon affection à Abigail 'Scottish' Fawcett pour ton aide épatante au moment de tester les recettes.

À ma super équipe de cuisine de retour au bureau : Pete Begg ♪ they call it, they call it, they call it, they call it AP ♪ et les ravissantes Claire Postans, Jo Lord, Helen Martin et Bobby Sebire. Vous m'avez apporté un soutien formidable et avez veillé à ce que je reste concentré ; je n'y serai pas arrivé sans vous. Un grand merci à mes ninjas de la nutrition avec qui j'ai étroitement collaboré pour chaque recette de ce livre : Laura '**** ninja' Parr et Mary Lynch, bon boulot, les filles.
À mes merveilleuses filles des mots : Rebecca 'Rubs' Walker, ma NOUVELLE éditrice, merci pour ce travail absolument stupéfiant. Merci aussi à l'équipe éditoriale Bethan O'Connor aux cheveux bouclés/raides et Malou Herkes. Et bien sûr à Katie Bosher, mon EX-éditrice, comme d'habitude, merci pour tout. Tu as commencé ce voyage avec nous à Londres et nous as aidés à le finir à l'autre bout du monde.

TOUTE MON AFFECTION

Mes remerciements et mon affection vont à mes adorables éditeurs chez Penguin, parfaits ces quinze dernières années. Vous avez eu confiance en moi et en mon instinct, ce qui est formidable. À Tom Weldon, mon cher ami et grand chef, merci pour tout ton soutien.
Au brillant directeur artistique, John Hamilton, merci pour tes conseils au fil des livres et des années, j'adore toujours ça, vieux.
Merci à Louise Moore et Lindsey Evans. Aux merveilleuses femmes de la production, Juliette Butler et Janis Barbi, le niveau de stress et de qualité avec lequel vous travaillez est fascinant, un gros gros merci.
Et au reste de l'équipe de choc : Tamsin English, Claire Purcell, Jo Wickham, Clare Pollock, Elizabeth

Smith, Chantal Noel, Kate Burton, Lucy Beresford-Know, Nathan Hull, Naomi Fidler, Stuart Anderson et Anna Derkacz ' merci à vous. Enfin, à Nick Lowndes et à son équipe de secrétaires d'édition, de relecteurs et d'indexeurs : Annie Lee, Caroline Pretty, Pat Rush, Shauna Bartlett et Caroline Wilding. Merci d'être si fantastiques, appliqués, bienveillants et ingénieux, d'avoir supporté mes petites retouches obsessionnelles, mes changements et mes entorses aux règles de la langue anglaise, et merci d'avoir travaillé en collaboration avec mon équipe des mots - quelle équipe vous formez !

Je remercie de tout cœur les adorables membres d'Interstate, Jayne Connell, Lucy Self, Christina Beani, Louise Draper, Nigel Gray, Iain Hutchinson, Brian Simpson et Ben Watts. C'est toujours un plaisir de travailler avec vous, et comme d'habitude j'aime vos designs à la fois beaux, propres et rafraîchissants. Merci de m'aider à rendre cela si bien (interstateteam.com).

Merci également au groupe de Superfantastic, Simon Collins, James Verity et Rachael Ball Risk, qui ont conçu la couverture, bon travail. C'est toujours marrant de travailler avec vous, les gars (wearesuperfantastic.com).

Un grand merci à mon président John Jackson, la directrice générale Tara Donovan et mon adjointe/la matrice/la veuve noire/la « Theydon Tongue » Louise Holland pour son soutien sans faille. Merci à mon équipe : Richard Herd, Holly Adams, Amelia Crook, Sy Brighton, Beth Powell et Paul Rutherford. C'est vous qui organisez le chaos de ma vie et, surtout, qui me permettez de consacrer le temps qu'il faut à ma famille et de garder un temps intact pour me concentrer sur mes livres et tout ce qu'il y a autour. Merci aussi à Therese McDermott, mon responsable des relations publiques Peter Berry et l'adorable Louisa James du marketing pour toute leur aide. Et au reste de l'équipe de mes bureaux, merci beaucoup pour tout le travail que vous fournissez chaque jour pour moi.

Une équipe unie

Et maintenant, passons à l'équipe de Fresh One Productions... la moitié d'entre vous collabore avec moi depuis très longtemps et l'autre moitié est constituée d'indépendants, mais vous êtes tous incroyablement doués et dévoués à chaque projet. Un merci franc et massif à Zoe Colllins, Roy Ackerman et Jo Ralling, qui sont le cœur de Fresh One et des gens authentiquement brillants et talentueux. Nous avons construit Fresh One ensemble, c'est une société de production indépendante britannique vraiment épatante avec du cœur, une âme et des exigences particulièrement élevées, je suis si fier. Merci à Nicola Pointer, Mike Matthews et Emily Taylor, producteur, réalisateur et directeur de la production, les plus merveilleux et talentueux, pour leur soutien. M'accompagner et faire ce que vous faites à un tel niveau est phénoménal - j'apprécie vraiment tout cela et nos longues heures de travail. Merci aussi à la formidable équipe de production : Nicola Georgiou, Gudren Claire, Katie Millard, Nicola Hartley, Shuo Huang, Kathryn Inns, Kirsten Hemingway, Dee Driscoll et Joseph Spiteri-Paris.

MERVEILLEUSE ÉQUIPE

À Luke Cardiff, caméraman épatant, et au patron Mike Sarah, vous m'accompagnez depuis le premier jour de The Naked Chef et j'apprécie chaque boulot accompli avec vous. Et au reste de ce superbe groupe et de l'équipe de caméramans, qui sont des mecs super, hyper talentueux et géniaux, David Miller, Jonathan Dennis l'allure, Simon Weekes, les assistants-opérateurs Pete Bateson et Mihalis Margaritis, le machiniste caméra Andy Young, Crispin Larratt et Godfrey Kirby au son, Paul Casey, Matt Cardiff, Sean Webb, Louise Harris, Steffen Vala et Joe 'fils de Mike' Gavshon-Sarah. Un grand bravo à l'équipe de Timeslice et à leurs supports de caméra. Un grand merci aussi à la studieuse équipe d'édition : Jean Cockburn, Tony Graynoth, Dan James, Dan Goldthorp, Steve Flatt, Barbara Graham, Joanna Roscoe et James Hart.

J'ADORE

Ce livre a été massivement associé aux séries télévisées qui l'ont accompagné, donc un grand merci au responsable de Channel 4, Jay Hunt, et à son réalisateur des programmes, David Sayer, d'être brillants, de me faire confiance et de me laisser continuer. Merci à Tim et Sarah Mead et à leur équipe et à Emma Evison, John Artley et à leur équipe pour leur soutien.

Merci à Maria Comparetto, qui m'aide à avoir l'air présentable pendant les tournages ainsi qu'aux adorables Julie Akeroyd et Lima O'Donnell. Un grand remerciement aux trois Gavin et à Frank, qui ont superbement nourri l'équipe et ont réalisé un boulot incroyable (mobilemouthful.com). Et merci à Zoot & Steve pour leur soutien.

DES GENS SUPER

INDEX

Les recettes végétariennes sont précédées de v

A

B

C

D

M

N

FPS 25.000
SHUTTER 180.0
EI 800
WB 5600 CC +0
CLIP C001
BAT 1 23.3 V
BAT 2 16.0 V
STBY
SxS 1 15 MIN

BARBOUR